위인전기
⑲

장영실
최무선

장영실
최무선

머리말

'될 성부른 나무는 떡잎부터 알아본다'는 속담이 있습니다. 이것은 크게 될 인물은 어릴 적부터 뭔가 달라도 다르다는 뜻입니다.

그러나 위인들의 생애를 읽어 내려가다 보면 이 말이 전적으로 옳다고는 생각하지 않을 것입니다.

학습 능력이 없다고 학교로부터 쫓겨난 에디슨, 듣지도 보지도 말하지도 못하는 헬렌 켈러, 끼니를 잇기 어려울 정도로 가난했던 링컨 등 헤아릴 수 없을 정도로 많은 위인들이 자신 앞에 처해 있는 환경이나 신체적인 결함에 좌절하지 않고 당당히 극복하여 단점을 장점으로 승화시켜 모든 것에서 승리를 거두었습니다.

인류의 평화와 안전을 위해 그리고 나라를 위해 단 하나밖에 없는 생명을 내던진 위인들과 과학자, 그리고 예술가 등 다양한 분야에서 온전히 자신을 내던진 위인들의 열정적인 삶이 생생하게 그려져 어린이들의 가슴속에 진한 감동으로 남을 것입니다.

고통과 시련을 딛고 일어나 위대한 업적을 이루어 낸 위인의 빛나는 삶을 통해 우리는 우리의 꿈과 이상을 다시 한 번 되새겨 볼 수 있습니다.

세계가 인정하는 열매를 맺기까지의 피나는 고통과 땀과 노력 그리고 좌절. 이러한 아픔을 당당히 이겨 내 마침내 승리자가 된 위인들의 삶을 통해 어린이들은 자신들이 겪어 보지 못한 다양한 삶을 경험하게 될 것입니다.

위인들의 어린 시절과 성장 과정을 통해 현재 자신의 모습을 되돌아볼 수 있는 좋은 기회이며, 또한 어린이들의 생각을 크고 높고 깊게 끌어올려 주며 어린이들에게 자신감을 불어넣어 주는 원동력이 될 것입니다.

참된 용기와 지혜로 세계를 움직인 위인들의 이야기는 역사가 살아 숨쉬고 있는 동안 우리를 비추어 줄 영원한 인생의 길잡이가 될 것입니다.

끝으로 한 명의 위인이 탄생하기 위해서는 개인의 꾸준한 노력과 함께 수많은 사람들의 희생과 격려가 있었음을 잊지 말아야 합니다.

차 례

장영실

제1부
고난이 인물을 만들다

종의 신분 · 12

신분 제도 · 19

시집가는 분녀 · 23

성벽 쌓기 · 28

제2부
천문과 농업

한양으로 가다 · 42

간의대 · 46

세종의 눈에 띔 · 53

혼천의 · 59

앙부일구 · 62

세종 대왕의 공적 · 66

의학의 발달 · 74

제3부
이름이 남다

측우기 · 82

자격루 · 96

고향으로 돌아가다 · 104

과학과 전통의 계승 · 109

■ **해설**

■ **연보**

차 례

최무선

제1부
난세를 만나

큰 뜻을 품다 · 120

새로운 세계 · 128

고려인의 얼 · 132

씨름과 석전 · 139

덕 담 · 142

강남 상인 · 147

염초술 · 151

제2부
발명에의 길

고려의 항전 · 160

배에 대한 관심 · 167

비밀의 처방 · 172

굳은 결심 · 178

쇠의 연구 · 182

왜구의 침입 · 189

거추장스러운 벼슬 · 195

화통 도감 · 203

박살난 왜선 · 208

- **해설**
- **연보**

장영실

제1부

고난이 인물을 만들다

종의 신분

"이 녀석아! 먹줄을 꼭 잡아야지, 줄이 비뚤어지지 않았어."

이렇게 소리치며 장쇠는 돌이의 머리를 주먹으로 쥐어박았습니다. 장쇠는 스무 살이 넘어 보이는 장정이었으나 돌이는 이제 겨우 대여섯 살밖에 안 된 사내아이입니다.

주먹질이 어지간히 아팠을 텐데 돌이는 울지도 않았으며 그렇다고 잘못했다고 빌지도 않았습니다.

"넌 고집이 센 녀석이로구나. 또 한 대 맞고 싶니?"

장쇠는 이렇게 말하며 다시 주먹을 쳐들었으나 때리지는 않았습니다.

바다 쪽에서 찬바람이 불어왔습니다. 이 곳은 겨울에도 좀처럼 눈이 내리지 않는 따뜻한 남쪽 지방이었으나 올해는 겨울 추위가 유난히 심했습니다. 그래서 돌이는 손이 얼어 먹줄을 놓쳤던 것입니다.

"이번에는 단단히 잡아."

장쇠는 다시 먹통에 실을 감으면서 말했습니다.

"네."

돌이는 겨우 대답하고서 먹줄 끝에 달린 못을 꼭 잡았습니다. 장쇠나 돌이나 모두 허름한 옷에 머리는 산발이었는데, 특히 돌이의 모습은 더욱 초라해 보였습니다.

돌이가 입고 있는 옷은 솜이 너덜너덜하게 삐져 나올 정도로 낡은 것이었습니다.

그리고 추위에 언 손은 붉다 못해 검은빛을 띠었으며, 터서 갈라진 손들을 보니 아직 어린 나이임에도 불구하고 심한 노동에 시달리고 있는 모양이었습니다. 게다가 맨발에 닳아 빠진 짚신을 신은 채 발을 동동거리고 있었습니다.

"꼭 잡았니? 잡았으면 먹으로 표시한 곳에 못을 단단히 찌르고 놓치지 않도록 해."

"네."

한아름이나 되는 느티나무를 적당한 길이로 토막내고 널빤지를 켜기 위해 먹줄을 치고 있었습니다.

돌이는 몸이 덜덜 떨렸으나 이번에는 실수 없이 하려고 입을 꼭 다문 채 차례로 표시된 곳에 먹줄 못을 꽂아 갔습니다. 그리고 팽팽해진 먹줄을 튕겨 주고 다시 먹통의 실을 감고 하는 작업을 되풀이하는 것이었습니다.

이윽고 장쇠가 말했습니다.

"됐다! 이제 가서 네 할 일이나 해라."

벌써 해가 기울어 동헌 앞뜰도 캄캄해지고 있었습니다.

돌이는 싸리비로 마당을 쓸기 시작했습니다. 그는 이따금씩 비질을 하다 말고 손을 호호 불었습니다. 마당에는 아무도 없었습니다.
 그 때 문을 열고 나오던 여자 하나가 돌이를 보더니 소스라치게 놀랐습니다. 그러더니 잠시 후 어둠 속에서 박꽃처럼 흰 얼굴을 가까이 들이대면서 물었습니다.
 "아니, 넌 돌이가 아니니? 여기서 지금 뭘 하고 있니?"
 머리 한가운데로 곱게 가르마를 타고 머리를 길게 땋아 늘인 곱상한 얼굴의 처녀는 다름 아닌 분녀였습니다.
 "마당을 쓸고 있어."
 돌이는 분녀에게 어리광을 부리듯 볼멘 소리로 대꾸했습니다.
 "이렇게 캄캄한데? 넌 조금 전까지만 해도 장쇠의 일을 도와 먹줄을 잡아 주고 있었잖아."
 "그 일은 벌써 끝났어."
 분녀는 잠시 어두워진 마당을 둘러보더니 혀를 찼습니다. 장쇠가 어린 돌이만을 내버려둔 채 가 버린 것이 못마땅하기만 했습니다.
 "춥겠구나. 안에 들어가서 사랑방에 군불이라도 좀 때렴."
 "그렇지만 마당을 쓸어야 돼. 눈이 계속 오잖아."
 "그냥 내버려둬. 아침에 다른 사람이 쓸어도 되니까."
 분녀는 마치 동생을 달래듯이 친근하게 말했습니다.

 이 곳은 경상도 동래현의 관아, 조선을 건국한 지 20년 남짓밖에 지나지 않은 태종 때였습니다.

태조 이성계는 1392년에 고려의 뒤를 이어 조선 왕조를 열었습니다. 그리고 1394년에 도읍을 한양으로 옮겼습니다.

그런데 이 새 도읍에서 피비린내 나는 사건이 발생했습니다.

태조에겐 두 분의 왕후가 있었습니다.

한 분은 신의왕후 한씨로서 모두 6남 2녀를 두었는데, 맏왕자부터 차례로 방우, 방과, 방의, 방간, 방원, 방연이었습니다. 다른 한 분은 신덕왕후 강씨로서 세 명의 자녀를 두었는데 방번, 방석이라는 두 명의 왕자가 있었습니다.

태조의 다섯째 아들인 방원은 실질적인 조선 왕조의 건설자나 마찬가지였습니다.

그런데 태조는 늦게 얻은 강씨 소생의 방번과 방석을 몹시 사랑하여 장차 방석을 세자로 삼으려는 생각을 하게 되었습니다.

그러자 방원은 자신이 이끌고 있는 사병을 동원하여 방번과 방석 형제를 죽였는데, 이것이 제1차 왕자의 난입니다.

태조는 이 소동에 몹시 화를 내며 방과에게 왕위를 물려주고 함흥으로 가 버렸는데, 이 분이 바로 정종 임금입니다(1399년).

그런데 정종 2년에 방간이 또 난을 일으켜 토산으로 유배되는 소동이 일어났습니다. 이것이 제2차 왕자의 난입니다.

정종은 난이 더 일어날 것을 염려하여 방원을 세자로 삼아 그에게 왕위를 물려주었는데, 이 분이 바로 태종입니다(1400년).

돌이는 군불을 때면서 몸을 잔뜩 웅크리고 있었습니다. 추웠던 몸이 서서히 녹으면서 졸음이 왔습니다. 새벽부터 일어나 일하다 보니 몸이 여간 고단했던 게 아닙니다.

돌이는 무릎을 끌어안고서 꾸벅꾸벅 졸았습니다. 그러다가 어느새 꿈을 꾸고 있었습니다. 그 꿈은 언제나 같은 것이었고, 꿈속에서 돌이는 언제나 세 살이었습니다.

꿈에서 돌이는 어떤 늙은 할멈과 살고 있었습니다. 하루는 할멈이 돌이에게 새 옷을 입혀 주었습니다.

'오늘은 명절도 아닌데 새 옷을 입어. 어딜 가는 거야!'

'어머니한테 가는 거예요.'

'어머니? 엄마는 할멈이잖아!'

'도련님에겐 진짜 어머니가 있어요. 난 유모이지요.'

'유모? 진짜 어머니?'

어리둥절하기만 한 돌이는 유모와 함께 관아로 갔습니다. 유모는 관아 뒤편에 있는 외진 행랑채로 돌이를 데리고 갔습니다.

'진짜 엄마가 여기 있어?'

'들어가 보세요.'

방문을 열고 들어가자 거기에 젊은 여인이 파리한 얼굴로 누워 있었습니다. 유모가 말했습니다.

'아씨, 도련님을 모시고 왔어요.'

그러자 젊은 여인은 두 손을 벌리며 힘없이 말했습니다.

'이리 오렴.'

그러나 돌이는 우뚝 선 채 물끄러미 여인의 얼굴을 쳐다보고 있었습니다. 그 얼굴이 몹시 아름답다고 생각했습니다.

'내가 네 어미다. 이리 오렴.'

돌이가 꼼짝도 하지 않자 유모가 울먹이며 말했습니다.

'도련님, 가서 안기도록 하세요. 어서…… 어서요! 저렇듯 어머님이 부르시는데…….'

'싫어!'

돌이의 꿈은 항상 여기서 깨었습니다.

"아니, 너 아직까지 여기 있었니?"

분녀는 깜짝 놀란 듯한 목소리로 외쳤습니다.

"어머나, 바짓가랑이가 타고 있잖아!"

그제야 돌이는 자기가 또 꿈을 꾸었다는 것을 깨달았습니다. 그러나 언제나 그것은 꿈이 아닌 것처럼 느껴졌습니다.

"자아, 내 방으로 가자. 얼른 그 바지를 꿰매야 하지 않겠니?"

"응. 그런데 누나, 나 여기서 누나를 기다리는 동안 또 어머니를 만났어."

분녀는 말없이 돌이를 꼬옥 껴안아 주었습니다. 그녀의 눈에는 금방 뜨거운 눈물이 글썽거렸습니다.

"돌이야, 엄마 생각이 나?"

"응."

돌이는 세 살 때 어머니를 본 것이 처음이자 마지막이었습니다.

돌이 어머니는 이 곳 동래현 관아에 딸린 기생이었습니다. 그런데 불치의 병에 걸려 더 이상 살 가망이 없게 되자, 마지막으로 돌이를 불러 만난 뒤 작별을 고했던 것입니다.

"돌아."

이윽고 분녀가 말문을 열었습니다.

"넌 그 때의 일을 아직도 기억하고 있니?"

돌이는 고개를 끄덕였습니다.

"어떻게?"

"엄마는 내 손을 꼭 잡아 주면서 말했어."

"그래 뭐라고 하던?"

"나에게 아버지가 있다고 했어."

"어머나, 그랬었니? 자, 내 방으로 들어가 옷을 꿰매면서 천천히 이야기하자꾸나."

신분 제도

"옷을 꿰매 줄 테니 얼른 바지를 벗으렴."

돌이는 조금 망설였습니다. 바지 속에 아무것도 입고 있지 않았던 것입니다.

"부끄러워할 것 없어. 꿰맬 동안 이불 속에 들어가 있으면 되니까."

분녀는 눈치를 챈 듯 이렇게 말했습니다.

돌이는 순순히 바지를 벗고 이불 속에 들어갔습니다. 분녀는 등잔불을 앞으로 당기더니 바늘 끝으로 그을음을 털어 내고 열심히 바늘을 놀리기 시작했습니다.

"누나!"

돌이가 불쑥 말을 꺼냈습니다.

"누나한테 뭐 하나 물어 보아도 돼?"

"뭔데?"

"그 때 엄마는 나에게 이렇게 말했었어. 내 성이 장씨라고!"

분녀는 바느질하던 손을 멈추더니 돌이를 물끄러미 쳐다보며 물었습니다.

"엄마가 정말로 그렇게 가르쳐 주었단 말이지?"

"응, 아버지가 엄마에게 준 반지도 있어. 누나는 내 말을 믿지 않아? 보여 줄까?"

"아냐, 믿어. 그리고 또 말해 보렴."

"그런데 누나, 엄마는 사정이 있어 아버지와 내가 만날 수 없다고 말했어. 누나는 이상하다고 생각되지 않아? 그래서 난 엄마에게 어째서냐고 물어 보았지. 그랬더니 엄마는 이렇게 말하는 거야. 차라리 아버지가 돌아가셨다고 생각하라고……"

"……."

분녀는 돌이에게 어떻게 말해 주어야 될지 몰라 열심히 바느질에 열중했습니다.

조선 시대의 노비 제도는 고려의 것을 그대로 이어받았으나, 새 왕조가 들어서면서 노비 변정도감을 두고(1396년) 고려 말의 어지럽던 노비 제도를 고치려고 힘을 썼습니다.

그러자 귀족의 반발이 심했습니다. 토지와 마찬가지로 노비를 재산처럼 생각하는 사람이 많았기 때문입니다.

이런 거센 반발 때문에 결국 변정도감을 없애고 말았습니다. 다만 노비의 값을 정해 놓고 팔고 사는 것을 간접적으로 제한했고, 또 노비를 주고받는 것도 금했습니다.

돌이는 문득 생각났다는 듯이 물었습니다.

"누나, 시집간다면서?"

분녀는 얼굴이 빨개졌습니다.

"누구한테 들었니?"

"장쇠가 그랬어, 누나가 공방한테 시집간다고. 그럼, 누나는 나 같은 건 금방 잊어버리겠지?"

분녀 역시 종의 신분이었으나 얼굴이 예쁘고 일도 잘하기 때문에, 현령 마님의 주선으로 공방인 아전한테 시집가게 되었던 것입니다.

이 때만 해도 아전 제도가 확립되어 있지 않아 관에 딸린 하인 신분이긴 했지만 노비보다는 훨씬 나은 대우를 받았습니다.

"자아, 다 됐다. 바지나 입어라."

분녀는 대답 대신 다 꿰맨 바지를 돌이에게 건네주었습니다. 돌이가 바지를 다 입고 나자 분녀는 조용히 입을 열었습니다.

"돌아, 나는 네 말처럼 봄이면 시집을 간다. 그러면 지금처럼 너도 매일 만날 수 없고, 어쩌면 영영 못 만날지도 모르지. 여자는 시집을 가게 되면 시부모를 모시고 지아비를 섬겨야 하니까. 그러나 돌아, 너는 무슨 일이 있더라도 결코 울면 안 돼! 너는 글도 배웠고 점잖은 선비나 마찬가지잖아."

비록 짧은 기간이었으나 유모가 살았을 때 돌이는 천자문을 배웠습니다. 어머니가 남겨 준 돈으로 글을 배울 수 있었던 것입니다.

그러나 2년 남짓 하던 글공부도 유모가 세상을 떠나면서 중단하고 말았습니다.

"그럼, 누나는 언제까지나 나를 잊지 않을 거지?"

"그럼!"

분녀는 돌이를 꼬옥 안아 주었습니다. 그런데 자꾸만 슬퍼져서 눈물이 나왔습니다.

왜국과의 교역 길이 트이자 동래현의 위치는 매우 중요해졌습니다. 사람들은 왜인과 교역을 하여 돈도 벌었으며, 특히 통사(통역)들이 많은 이익을 얻었습니다.

해마다 쓰시마 도주는 수백 명의 왜인을 수행원으로 데리고 동래에 왔습니다.

　우리 조정에서는 경상도에서 거두는 조세 가운데 일부를 관용에 쓰고, 나머지는 왜인들에게 지급했습니다.

　해마다 일정량을 쓰시마 도주에게 하사했고 사사로운 매매를 금했습니다.

　그러나 아무리 단속을 한다 해도 몰래 장사하는 무리가 나타나 나라에서 엄벌로 다스렸지만 뿌리가 뽑히지는 않았습니다.

시집가는 분녀

　돌이는 혼자서 하늘의 별을 바라보는 버릇이 있었습니다. 그러나 분녀 누나하고 밤하늘을 바라보는 게 제일 즐거웠습니다.

　"저 별 가운데 내 별도 있고 누나의 별도 있을 거야."

　분녀는 대답 대신 빙그레 웃었습니다. 돌이는 다시 신나게 떠들었습니다.

　"저기, 저 별 좀 봐! 저기 별똥이 하나 떨어지면서 꼬리를 길게 끌고 있잖아! ……앗, 빛이 사라졌다. 저건 어디선가 누가 죽었기 때문에 별이 떨어진 거야."

　"어쩌면 넌 아는 것도 참 많구나."

　분녀는 감탄한 듯 흐뭇한 표정으로 돌이를 바라보았습니다. 돌이가 무척 기특하게만 여겨졌습니다.

　겨울이 지나면서 일곱 살이 된 돌이는 분녀의 부탁으로 가끔 글방에 나가고 있었습니다.

　"언젠가 선생님께서 말씀하셨어. 아득한 옛날 하늘에서 환웅이 풍백·우사·운사를 거느리고 내려오셨대. 그리고 태백산 신단 나무 아래서 신시를 베푸셨는데 곡식과 별과 병과 형벌과 선악을 다스렸다고 했어."

　"그래서?"

　"그 가운데 별을 보고 사람의 길흉과 운명을 점치는 것이 있는데, 그것을 성명학이라고 한대."

　그리고 나서 한참 하늘의 별을 바라보더니, 이윽고 돌이가 다시 말했습니다.

　"나도 빨리 어른이 되었으면 좋겠어."

　"어째서이지?"

　"성명학을 배우면 누나의 운명도 점칠 수 있잖아. 저 많은 별들 가운데 누나의 별이 어느 것인지 알아낼 수도 있고."

　"알아내면 어떻게 할 건데?"

　"누나가 잘 살도록 빌 거야."

　"고맙다 돌아!"

　분녀는 왈칵 눈물이 솟으며 돌이의 작은 몸을 꼬옥 안아 주었습니다.

어느새 시간이 흘러 금방 봄이 찾아왔습니다. 분녀는 가마를 타고 시집을 갔습니다. 돌이는 멀리 가마가 사라질 때까지 언덕 위에 서서 얼빠진 듯이 바라보고 있었습니다.

그 때 누가 어깨를 툭 쳐서 뒤돌아보니 술이 좀 취한 듯한 장쇠였습니다.

"뭘 그렇게 넋이 나간 듯 쳐다보고 있어. 너도 장가가고 싶니?"

돌이는 아무 말도 하고 싶지 않았습니다. 그러자 장쇠가 다시 말했습니다.

"너는 내일부터 내 조수가 되는 거야. 이번에 나라에서 김해 바닷가에 창을 짓는데 그 곳에 가게 되었어. 알겠니?"

돌이는 말없이 고개를 끄덕였습니다.

누나도 없는 이 곳에 있는 것보다는 어디라도 좋으니 차라리 장쇠를 따라가고 싶었습니다.

전라도와 경상도에 다시 창을 늘리고, 그 동안 중지되었던 조운을 다시 시작한 것은 태종 12년(1412)의 일이었습니다.

장쇠는 또 뻐기듯이 말했습니다.

"이번에 너를 데려가는 것은 내가 이방님에게 특별히 부탁한 일이라구. 그리고 너도 알다시피 이제 나는 관가에 딸린 종이 아니야. 이방님께서 약속해 주셨지. 창을 짓는 일만 무사히 끝나면 종 신세를 면하게 해 주신다고. 그러니까 너도 내 말을 잘 들어야 해. 고생을 하면서 기술을 배우는 게 얼마나 좋은 줄 알아? 일단

나를 따라다니면 배는 곯지 않으니까 고맙다고 생각해야 돼."
장쇠의 말은 거짓이 아니었습니다.
태종 13년에 법이 정해져 관가에 딸린 노비의 수가 일정하게 정해졌던 것입니다. 그뿐만 아니라 태종 14년에는 종의 자식이라도 돈이나 물건으로 몸값을 치르고 종의 신분에서 벗어날 수 있는 제도가 마련되었습니다.
"사람은 누구나 열심히 일하다 보면 보답을 받기 마련이다. 그러니 너에게도 꼭 기회가 있을 거야."
목수 일은 대패질부터 배운다고 합니다. 힘도 들었지만, 무조건 힘만 준다고 대패질이 잘 되는 것은 아니었습니다. 너무 힘을 주었다가는 깊이 깎이고 반듯하게 밀리지 않았습니다.
장쇠 밑에서 일한 지도 3년이 지난 지금 돌이는 벌써 열 살이 넘었습니다. 돌이는 타고났는지 남들보다 힘이 좋고 손재주도 있었습니다.
그 동안 나라에서는 태종이 물러나고(1418년) 세자께서 왕위에 올랐습니다. 이 분이 바로 세종 임금입니다.
태종은 상왕으로서 국방 문제에만 관여했고, 모든 정사는 젊은 세종에게 맡겼습니다. 태조 6년(1397) 4월 10일에 태어나신 세종은 이 때 스물두 살이었습니다.
세종 원년(1419)에 이종무 장군의 쓰시마 섬 정벌이 있었습니다. 본관이 장수이며 대대로 무인 가문의 자손인 이종무는 아버지가 강원도 지방에 나타난 왜구를 치러 갈 때 소년으로 종군하여 적을 무찌른 것으로 유명합니다.

이 무렵 돌이는 장쇠와 헤어지고 동래에 돌아와 있었습니다. 돌이는 대장간에서 일했는데, 아침부터 밤늦게까지 풀무질을 하는 게 그의 소임이었습니다.

하루 종일 풀무질을 하고 나면 팔이 끊어질 듯이 아팠으나, 한편으로는 체력을 단련하는 데 도움을 주었습니다.

그 때 이종무 장군이 내려와 쓰시마를 칠 준비를 하게 되자 동래현은 발칵 뒤집혔습니다. 특히 대장간은 눈코 뜰 새 없이 바빠졌습니다.

"이번에야말로 왜구의 소굴을 뿌리뽑는다는군그래."

"우리를 괴롭힌 왜구의 대부분이 쓰시마 녀석들이니까 혼이 나야 하네."

어른들의 말대로 이종무 장군은 쓰시마의 적을 무찌르고 2000호의 집을 불태워 버렸다고 합니다.

성벽 쌓기

세종은 참으로 어진 임금이었습니다.

세종 3년에 집현전이라는 기관을 두어 뛰어난 학자들을 뽑아 자유롭게 학문을 연구하게 했습니다. 또 활자를 개량하여 인쇄법을 발전시켰고, 명나라에서 서적을 수입하여 연구하도록 했습니다.

또 법을 엄격히 다스렸는데, 사형수에게는 '삼복계'라 해서 오늘날의 3심 제도 같은 것을 꼭 지키도록 했습니다.

세종은 특히 발명에 관심이 많았습니다.

세종 5년에는 남산에 봉화둑을 쌓았습니다. 봉화는 봉수라고도 하는데, 밤에는 요소마다 있는 산꼭대기의 봉수대에서 불을 사르고 낮에는 연기를 피워 올려 국경 지대에서 일어난 일을 금방 알 수 있게 한 제도입니다.

봉수대를 지키는 군사들이 불빛이나 연기를 보고 즉시 신호를 보내므로 부산에서의 일이 몇 시간 안 되어 한양까지 알려졌습니다. 이 불빛과 연기에도 구별이 있어 적의 침공인지 혹은 다른 일인지 알 수 있었습니다.

주목할 만한 것은 세종 5년에 설치된 악기 도감입니다.

음악은 유교에서도 중요시하는 것으로, 고대의 성인들은 음악이 사람의 마음을 부드럽게 하며 순하게 한다고 믿었습니다.

세종은 이 악기 도감에서 갖가지 악기를 제작하게 하는 한편 음악책을 편찬하도록 했습니다.

또 작은 일 같지만 창고에 방화 시설을 하여 불이 나지 않게 하는 방법을 연구해서 방화법을 체계 있게 정했습니다.

또한 수성금화 도감을 설치했는데, 이것은 성벽 수리와 방화를 맡는 관아였습니다.

　이렇듯 세종의 정치는 나라 구석구석까지 미치고 있었는데, 이는 결코 한 사람의 힘으로 되는 일이 아닌 것입니다.

　수많은 사람들이, 그것도 이름이 알려지지 않은 사람들이 알게 모르게 열심히 일하고 고쳐 나가고 연구하여 보다 나은 것을 이룩해 나갔습니다.

　돌이의 나이도 벌써 열일곱 살이 되었습니다.

　그는 그 동안 대장간에서 일한 덕분에 여러 가지 쇠붙이에 대한 지식이 풍부해졌습니다.

　그러던 어느 날, 분녀의 남편인 공방 손길이 찾아왔습니다. 손길은 돌이를 만나자마자 대뜸 이렇게 말했습니다.

　"여보게, 나 좀 살려 주게."

　"무슨 말씀이십니까?"

　돌이는 어리둥절해져서 되물었습니다.

　"자네도 알다시피 며칠 전 봄 장마로 동문의 성벽이 무너지지 않았는가? 사또께서 이 사실을 아시고는 사흘 안에 성벽을 다시 쌓으라고 엄명을 내리셨네."

　좁은 고을 안의 일이라 돌이는 손길의 말이 아니더라도 성벽이 무너진 것을 알고 있었습니다.

　하루는 함께 구경을 간 친구가 호들갑스럽게 말했습니다.

　"엄청나게 무너졌군. 아마 100보는 될걸세."

그러나 돌이가 보기에는 100보가 아닌 120보로 보였습니다. 목수 일을 배운 터라 어느 정도 거리를 가늠하는 훈련이 되어 있었습니다.

잠시 후 손길이 다시 말했습니다.

"그렇듯 많이 무너진 것을 어떻게 사흘 동안에 다시 쌓을 수 있겠나? 사람들은 저마다 사흘 아니라 석 달이 걸려도 힘들다는 거야."

돌이는 잠자코 손길의 말을 들었습니다. 입에서 침까지 튀며 말하는 손길은 어지간히 다급한 모양이었습니다.

"사또께 그렇게 말씀을 드려 봤지만, 워낙 성미가 괄괄하시고 무서운 분이라 사흘 안에 완성시키지 못하면 내 목이 달아날 줄 알라며 호통을 치시는 게 아닌가!"

돌이는 사또의 호통도 무리는 아니라고 생각했습니다.

동래성은 왜국에 대비하는 첫번째 요지입니다. 왜구의 소굴인 쓰시마 섬을 토벌하여 잠잠해지기는 했지만 언제 또 느닷없이 침공해 올지 모를 일이기 때문입니다.

"여보게, 그러니 제발 나 좀 도와 주게. 자네라면 그 일을 해낼 수 있으리라 생각하네."

손길은 거의 애원하다시피 말했습니다. 돌이는 잠시 생각에 잠기더니 불쑥 물었습니다.

"누님은 안녕하신가요?"

"누님? 아, 그렇지! 늘 자네 이야기를 한다네."

돌이는 분녀 생각이 나 조용히 먼 곳을 바라보았습니다.

돌이가 잠자코 있자 손길은 더욱 애가 탔습니다.

"여보게, 제발 좀 도와 주게. 사실은 집사람이 자네한테 가 보라고 말했다네."

돌이는 벌써 마음속으로 결정을 하고 있었습니다. 분녀 누나가 아직도 자기를 잊지 않고 있다는 것에 내심 감격했던 것입니다.

"제 힘닿는 데까지 열심히 해 보겠습니다."

손길은 너무 기쁜 나머지 돌이의 손을 덥석 잡으며 물었습니다.

"그래, 인부는 얼마나 필요한가? 자네가 필요하다면 수백 명이라도 동원해 주겠네."

돌이는 잠시 생각하더니 이윽고 대답했습니다.

"50명이면 되겠습니다."

"50명! 겨우 50명이란 말인가! 넉넉히 100명은 있어야 하지 않겠나?"

"아닙니다. 사람이 많으면 오히려 능률적으로 일을 하지 못합니다."

"그렇지만……?"

손길은 왠지 돌이의 결정이 불안한 눈치였습니다.

"50명만 구해 주십시오. 다만 그들에게 품삯이나 넉넉히 주십시오."

"그야 여부가 있나!"

이튿날 새벽, 무너진 성벽 앞에 50명의 일꾼이 모였습니다. 자기 목이 걸려 있는 공사라 그런지 손길은 건강하고 힘깨나 쓰는 장정만 뽑아 데려온 것 같았습니다.

"여러분! 오늘부터 이 무너진 성벽을 사흘 안에 쌓아야 합니다. 여러분은 어림도 없는 소리라고 생각하실 테죠? 하지만 걱정 마십시오. 쉽게, 그것도 별로 힘들이지 않고 쌓는 방법이 있습니다. 그러니까 여러분은 제 말만 잘 따라 주시면 됩니다."

이렇게 말하고 나서 돌이는 사람들을 둘러보았습니다. 예상했던 대로 사람들이 웅성거리기 시작했습니다. 그러나 돌이는 이런 일쯤은 이미 예상하고 있었습니다.

"여러분에겐 보통 품삯의 두 갑절을 드릴 겁니다. 그러니 열심히만 일해 주시면 됩니다. 그리고 오늘은 무너진 성벽을 치우고 내일부터 성벽을 쌓을 준비만 하면 됩니다."

그러자 사람들의 웅성거림이 점점 수그러들었습니다. 50명의 장정이 무너진 성벽을 치우는 것쯤은 어렵지 않은 일이었습니다.

돌이가 다시 말했습니다.

"지금부터 50명을 10명씩, 5조로 나누겠습니다. 그리고 제가 일거리를 나누어 줄 테니, 각 조는 자기가 맡은 일만 끝내면 집으로 돌아가도 상관없습니다."

돌이의 말을 들은 인부들은 공사가 조금도 어렵지 않다는 생각을 갖게 되었습니다.

첫날 시작한 일은 놀랄 만큼 빨리 진행되어 해가 기울기도 전에 벌써 끝났습니다.

그러자 손길은 여전히 미심쩍은 눈으로 쳐다보며 말했습니다.

"여보게, 괜찮겠나?"

"염려 마십시오. 공방님은 그저 인부들에게 약속한 품삯과 식사, 그리고 참에 먹을 막걸리나 몇 독 마련해 주십시오."

"그런 것이라면 어렵지 않네."

그러면서도 손길은 내심 불안한지 고개를 갸우뚱했습니다. 3일 가운데 벌써 하루를 써 버렸으니 이제 이틀밖에 남지 않았던 것입니다.

이틀째 새벽이 되었을 때 돌이는 또 인부들에게 설명을 시작했습니다.

"지금부터 제 설명을 잘 들어 주십시오. 성벽이 무너진 거리는 전부 어른의 보통 걸음으로 120보입니다."

보통 어른의 한 걸음은 2자(60㎝)입니다. 따라서 60㎝×120=7200㎝가 됩니다.

그리하여 7200㎝에 사방 30㎝ 크기의 돌을 한 줄로 늘어놓는다면, 7200÷30=240개의 돌이 필요한 셈입니다.

다음은 성벽의 높이입니다.

그 높이는 어른 키로 세 길쯤 되었습니다.

보통 사람의 신장을 170cm로 계산한다면, 170cm×3=510cm입니다. 그리고 이 510cm의 높이를 역시 30cm 크기의 돌로 곧장 한 줄로 쌓아 올린다면, 510÷30=17개가 필요한 셈입니다.

다시 말해 성벽을 쌓기 위해 필요한 돌은 전부 240×17=4080개가 되는 셈입니다.

"알겠습니까? 이틀 동안에 쌓아 올릴 돌은 모두 4080개입니다. 이것을 5조로 나누어 쌓는다면 각 조마다 816개의 돌을 쌓아야 되는 셈이죠. 결국 이틀 동안 한 사람이 82개, 그것도 하루에 41개만 쌓아 올리면 됩니다. 하루 41개라면 결코 많은 수가 아니지요?"

"정말 그렇군!"

사람들은 모두 감탄했습니다.

돌이는 7200cm의 거리를 5개조에 똑같이 나누어 주었습니다. 7200cm÷5=1440cm. 돌이는 각 조마다 1440cm씩 분담시키고 작업을 시작했습니다.

돌이는 수평과 수직을 잡기 위해 먹통을 사용했습니다. 먹통은 먹줄로 직선을 긋는 데만 사용되는 것은 아닙니다. 수직으로 늘어뜨려 기울기의 각도를 측정하는 데에도 사용됩니다.

돌이는 돌을 쌓아 올림에 따라 배가 불룩 나오지 않고 오히려 움푹 들어가게 쌓아 올렸습니다.

이것이야말로 뛰어난 기술로서, 적이 수직으로 된 성벽보다는 쉽게 기어오르지 못하게 쌓아 올렸던 것입니다.

5조로 나누어진 인부들은 부지런히 몸을 움직였습니다. 돌이가 정확한 지시를 내리면 50명의 인부는 모두 한마음이 되어 움직여 주었습니다.

돌이와 인부들의 일하는 모습을 지켜보던 손길은 입이 딱 벌어졌습니다. 이틀째 해가 저물 무렵에는 이미 성벽의 3분의 2 이상이나 쌓아 올려져 있었습니다.

그러자 손길은 돌이에 대한 말투부터 달라졌습니다.

"정말로 감탄했소. 이대로 나간다면 내일 정오까지는 일이 끝날 것이오."

이튿날 오후, 마침내 성벽이 완성되었습니다.

소문을 들은 관아의 아전들과 성안 사람들이 모두 구경을 하러 왔습니다.

잠시 후 돌이는 사또에게 불려 갔습니다. 사또는 돌이에게 칭찬의 말을 아끼지 않았습니다.

"이번에 자네가 큰 수고를 했다더군. 그래서 자네에게 상을 하나 내리려고 하네."

"황송하옵니다."

"물론 자네의 공적은 장계를 써 올리겠지만, 그 전에 자네한테 보답을 하고 싶네."

그러자 고개를 숙이고 있던 돌이가 고개를 들었습니다.

장계는 지방관이 서면으로 조정에 올리는 보고서입니다. 그 장계는 조정의 대신은 물론이고, 어쩌면 왕이 직접 보게 될지도 모릅니다.

한낱 관기의 자식이며 아버지가 누군지도 모르는 돌이에게 그것은 무엇보다도 커다란 명예였습니다.

사또는 싱글벙글하며 말을 이었습니다.

"내가 자네에게 해 줄 건 다름이 아니라, 자네 이름을 종 문서에서 빼 줄 테니 내 곁에서 아전으로 일해 달라는 것일세."

"황송하옵니다만, 제 생각에는……."

"싫단 말인가? 아니면 내 성의가 부족한가!"

"아닙니다. 그보다 장계를 올리는 것만은 좀더 미루시는 게 좋겠습니다."

"어째서인가?"

"사또님 분부대로 무너진 성벽은 3일 내에 복구를 했습니다. 그러나 앞으로 장마철이 남았고……."

"장마철을 넘기고 나서 장계를 올려도 늦지 않다는 말인가? 혹 장마가 지면 다시 무너질 염려라도 있다는 말인가?"

"제 생각에는 염려없다고 생각됩니다만, 그래도 사람이 하는 일이옵니다. 만일의 경우를 생각하시고 천천히 장계를 올리시는 것이 낫다고 생각되옵니다."

"으음."

사또는 돌이의 생각이 깊음에 감탄하는 듯했습니다. 장계를 덜컥 올렸다가 성벽이 다시 무너지기라도 한다면, 돌이의 목을 하나 베는 것쯤으로 문제가 해결되는 게 아닙니다. 사또에게도 그 책임을 묻게 되는 것이었습니다.

장마가 무사히 지나갔습니다.

돌이가 쌓은 성벽은 물론 끄떡도 없었습니다. 사또는 기뻐하며 곧 돌이를 불렀습니다.

"자네 말대로 이제 장계를 올려야겠네. 그래서 말인데, 자네의 출생에 대해 말해 보게."

"장씨 성을 가진 것 외에는 아무것도 모릅니다."

"장씨라고? 그렇다면 내가 이름을 하나 지어 주어도 괜찮은가? 영실, 장영실은 어떤가? 이름이 마음에 드나?"

"고맙습니다."

사또가 별안간 돌이의 이름을 지어 준 것은 장계에 올릴 이름이 필요했기 때문입니다.

그 날 저녁 손길의 집은 마치 잔칫집처럼 떠들썩했습니다. 많은 사람들이 모여 돌이의 새로운 인생을 축하해 주었습니다.

"성군을 만나 좋은 세상에 또 좋은 사또를 만났으니 얼마나 기쁜 일인가. 자아, 마음껏 즐기세!"

술자리가 무르익었을 때 돌이는 슬그머니 자리에서 빠져 나와 뒤뜰로 갔습니다.

하늘에는 수많은 별들이 반짝이고 있었습니다. 그 때 문득 뒤에서 인기척이 났습니다.
"돌아, 무엇을 그리 열심히 보고 있니?"
분녀의 목소리였습니다.
"네, 하늘의 별을 보고 있었어요."
"그래, 이제 네 별을 찾았니?"
분녀는 그렇게 말하며 돌이 옆에 와서 나란히 섰습니다.
"아직 찾지는 못했지만……, 저기 저 가운데 제일 반짝이는 별을 제 별로 삼고 싶습니다."

제2부
천문과 농업

한양으로 가다

세종 9년(1427) 5월, 박연이 석경(경쇠)이라는 악기를 만들었습니다.

우리 민족은 원시 시대부터 벌써 북과 피리를 사용하였으며, 이웃의 다른 민족보다 앞서 있었습니다.

그러나 음악 역시 신라 말기의 혼란과 고려 시대를 거치면서 제대로 전해지지 않았습니다.

세종은 이런 음악의 전통이 끊어지는 것을 안타깝게 여겼습니다. 그래서 전해진 것이나마 정성스럽게 보존하고 또한 숨겨진 것을 다시 찾기 위해 힘썼습니다.

세종의 이런 뜻을 받들어 활약한 분들이 많지만, 특히 박연은 옛날부터 전해 내려오는 악률(음률)의 정리에 힘을 기울였습니다. 그리하여 음률에 맞는 경쇠를 만들고 아악과 향악의 악기를 수정해 나갔습니다.

그리고 세종은 아악과 향악을 엄격히 구별하여 종묘나 그 밖에 제사를 올릴 때에는 향악 사용을 금지시켰습니다.

세종의 제일 큰 관심은 농업에 관한 것이었습니다. 그것은 세종 12년에 정초 등이 엮은 〈농사직설〉을 각 고을에 배포한 것으로도 충분히 알 수 있습니다.

세종은 〈농사직설〉에서 설명되어 있는 수차·관개법을 각 고을에서 사용하도록 적극 권장했습니다.

장영실이 한양에 올라온 것은 이 무렵이었습니다.

하루는 사또가 영실을 불렀습니다. 지금의 사또는 영실의 이름을 지어 준 사또가 아니라 새로 온 신임 사또였습니다.

"부르셨습니까?"

영실은 동헌 뜰 아래로 달려와 말했습니다. 그는 이제 종이 아니었으나 여전히 대장간에서 일하고 있었습니다.

"음, 자네가 장영실인가. 전임 사또로부터 자네 이야기는 들었네."

"황송하옵니다."

영실이 허리를 굽히며 말하자 신임 사또가 다시 입을 열었습니다.

"자네를 한양으로 보내라는 지시가 내려왔네. 곧 준비하고 떠나도록 하게."

신임 사또의 뜻밖의 말에 영실은 깜짝 놀랐습니다. 무엇 때문에 한양으로 가라는 것인지 감히 물어 볼 수도 없었습니다.

"예."

영실이 고개를 꾸벅하며 대답을 하고 나자 이미 사또의 모습은 보이지 않았습니다.

손길이 어리둥절해 하는 영실을 데리고 이방에게 갔습니다.

"아무튼 이방한테 가서 물어 보세. 나라에서 부르는 일인데 나쁜 일이야 있을라구."

이방도 무엇 때문에 한양에서 영실을 부르는지 모르는 모양이었습니다.

"그야 낸들 알겠나. 나는 다만 감영에서 내려온 통지를 사또께 아뢰었을 뿐인데."

그러자 손길이 다그쳐 물었습니다.

"그럼 감영에서 내려왔다는 통지라도 보여 주게."

"안 그래도 지금 보여 줄 참이네. 영실은 글을 모를 테니까 내가 읽어 주지. 동래현 소속 평민 장영실을 5월 그믐까지 한양 5위 도총부로 출두시킬 것. 이게 전부라네."

이방은 영실이 글을 안다는 사실을 모르고 있었습니다. 영실도 굳이 글을 안다고 말하지 않았습니다.

5위 도총부에는 장관으로서 도총관이 있고 그 아래 5위가 있습니다. 즉 의흥위, 용양위, 호분위, 충좌위, 충무위로서 도성을 지키는 군사 조직입니다.

'혹시 나를 군사로 뽑기 위해서 그러는 건가.'

이방과 손길도 영실과 같은 생각을 하는지 자기들끼리 떠들고 있었습니다.

"그렇다면 영실을 군사로 쓰겠다는 것인가?"

"그럴지도 모르지. 지난해 씨름 대회에서 장원을 했는데 그 때문에 뽑혔을 거야."

"아니, 1000리나 떨어진 한양에서 영실의 이름을 어떻게 알고 올려 보내라는 기별이 왔단 말인가!"

손길은 마치 이방이 영실을 군사로 추천이라도 한 듯 흥분하고 있었습니다.

그러자 이방은 고개를 설레설레 흔들며 말했습니다.

"이 사람, 마치 영실이 자기 친척이나 되는 것처럼 야단이군."

"영실은 내 처남이나 다름없는 사람이야."

그 모습을 지켜보고 있던 영실이 조용히 입을 열었습니다.

"두 분 모두 진정하십시오. 무슨 영문인지는 모르나, 이미 통지가 내려온 것이니 가 보면 알 게 아닙니까."

영실이 한양으로 떠날 날이 얼마 남지 않았습니다.

영실은 고을 어른들을 찾아뵙고 일일이 작별 인사를 드렸습니다. 태어나서 20년 동안이나 살던 정든 곳을 떠나 이제 보지도 알지도 못하는 한양으로 올라가는 것입니다.

"사람 사는 곳인데 인정이야 다를라구. 가거든 부디 소식이나 가끔 전해 주게."

이렇게 작별을 아쉬워하며 격려해 주는 사람도 있었고, 노자로 보태 쓰라고 돈을 주는 사람도 있었습니다.

영실은 사양했지만 동네 사람들의 인정에 눈물이 날 것 같았습니다. 그러나 가장 가슴 아팠던 것은 분녀 누나와 헤어지는 일이었습니다.

분녀가 소리내어 울자 영실은

"누님, 염려 마세요. 만일 군사로 뽑힌다면 기한이 있을 것이니 돌아올 날이 있겠지요."

하고 오히려 분녀를 위로했습니다.

옆에서 지켜보던 손길이 한마디 했습니다.

"여보, 그만 해 두구려. 곧 다시 만날 수 있을 텐데 왜 그리 호들갑을 떠시오."

조카들도 영실과의 작별을 아쉬워했습니다.

조카들은 영실이 이따금 만들어다 주는 장난감을 가지고 놀며 몹시 따랐던 것입니다.

간의대

영실에게는 동래가 아닌 한양에서 보고 듣는 일이 모두 신기하게만 생각되었습니다.

'세상은 정말 넓구나!'

그는 첫날 밀양까지 걸었습니다. 양산을 거쳐 언양까지 올라갔다가 멀리 천황산을 바라보며 작원의 산길을 걸어갔습니다.

계곡의 작은 길인 작원은 산천의 경치가 아름다웠으며, 또 밀양

은 큰 고을로서 부사가 있는 곳이었습니다.

다음날은 밀양에서 걷기 시작하여 청도, 경산 고을을 지나 대구까지 걸었습니다.

대구는 사방이 높은 산으로 둘러싸여 있고, 동쪽에서 서쪽으로 금호강이 흐르다가 낙동강으로 합쳐집니다. 감영은 그 강 뒤쪽에 있었습니다.

영실은 동래를 떠날 때 대구 감영에 들르라는 지시를 받았습니다. 영실은 곧장 감영을 찾아가 큰 문 앞에서 보초를 선 군사에게 조심스럽게 물었습니다.

"저…… 동래현에서 한양으로 올라오라는 명을 받은 사람입니다. 어디로 가면 됩니까?"

군사는 영실의 행색을 힐끗 쳐다보더니 혼잣말처럼 말했습니다.

"참 체격이 좋으시구려. 오늘 온 사람들 가운데 아마 제일 장대한 것 같소."

영실은 체격이 건강하여 힘깨나 있어 보였습니다. 그러나 여느 사람들처럼 우락부락한 데가 없어 처음 만나는 사람이라도 금방 호감을 느낄 수 있었습니다.

영실은 대구 감영에서 3일이나 머물렀습니다. 그나마 영실과 같은 처지의 젊은이들이 여러 명 있어 마음이 든든했습니다.

이 무렵 영실은 울산에서 올라온 박을수란 친구를 사귀었습니다. 그 역시 영실처럼 대장간에서 일한 경력이 있어 두 사람은 더욱 가까워질 수 있었습니다.

 영실 또래의 장정들이 30명 가까이 모이자 이들은 곧 대구를 출발했습니다. 금암, 가산, 상장, 적림, 해평, 월곡을 지나 나룻배로 낙동강을 건너 선산에 들어섰습니다.

 선산은 산이 그윽하고 물이 맑았습니다. 선산에서 다시 낙동강을 오른쪽으로 보면서 봉곡, 덕촌, 죽원, 운곡, 서곡을 지나 상주로 들어섰습니다.

 "상주 역시 선산 못지않게 산이 그윽하고 물이 맑은 곳이지."

 을수는 이따금씩 자연의 정취에 푹 빠져 있는 영실의 생각 속으로 끼어들었습니다.

 상주는 조령 밑에 있는 큰 고을로 역시 부사가 있는 곳이었습니다. 상주의 옛 이름은 낙양입니다.

 낙양은 한나라와 당나라의 옛 도읍 이름으로 경치가 무척 아름다운 곳이었습니다. 그 낙양이라는 이름을 붙일 만큼 이 곳 또한 번화하고 아름다운 산간 도시였습니다.

 "오늘 밤은 이 곳에서 쉴 모양일세. 내일은 새벽 일찍 새재를 넘어야 할 테니까."

 "그렇게 험한 재인가?"

 "풍기 죽령과 더불어 험하기로 이름난 재일세. 영남에서 한양으로 올라가는 두 길목 중의 하나이지. 어쩌면 도적 떼를 만나게 될지도 모르네."

을수의 말처럼 이튿날은 여느 때보다 일찍 일어나 날도 새기 전에 출발했습니다.

상주를 떠나 부원쯤 이르자 해가 떴습니다. 다시 연봉, 함창, 공평, 불정, 복곡을 지나 해가 높은 점심 나절이 되어서야 문경에 이르렀습니다.

함창을 지나면서 줄곧 산길을 올라왔지만 아직도 새재 앞으로는 가로막혀 있었습니다.

문경에서 점심을 먹고 얼마쯤 올라가자 관문이 나왔습니다. 이 관문을 지나 내리막길로 들어서면 연풍이 나왔습니다.

연풍에서 원풍, 수안보, 용천, 세성, 항산을 거쳐 충주에 이르렀을 때 숙소에서 짐을 푼 영실이 말했습니다.

"재 하나를 넘으니 이렇듯 모든 게 달라 보이는군."

충주에서 청주로 가자면 달천을 건너 괴산을 지나 유령재를 넘으면 됩니다.

일행은 달천을 끼고 서쪽으로 걷다가 주덕에 이르자 다시 북쪽으로 길을 잡았습니다. 그리하여 연하, 용호, 본평을 거쳐 장호원에 이르렀습니다. 여기서부터 경기도가 시작되는 것입니다.

"이 곳에서 여주와 원주로 가는 길이 갈라지고 있네."

그들은 다시 장호원에서 이황, 가남을 지나 이천에 이르렀습니다. 그리고 오늘 밤은 이 곳에서 묵기로 했습니다.

"내일이면 드디어 한양에 도착하네. 그 동안 잠이나 푹 자 두게."

을수는 이렇게 말했으나 영실은 좀체 잠을 이루지 못했습니다. 내일이면 아직 한 번도 가 보지 못한 한양에 도착한다 생각하니 가슴이 설레었던 것입니다.

이튿날이 되자 날씨가 화창하기 이를 데 없었습니다. 싱그러운 나무 냄새가 코를 찔렀으며, 푸른 잎들이 그 동안의 피로를 잊게 해 주었습니다.

이천을 떠나 수광, 돌문이, 곤지암, 초원을 지나 광주에 들어섰습니다. 거기에서는 남한산이 멀지 않았습니다.

그 곳에서부터 길을 재촉하여 중대, 갈현을 지나 송파에 이르러 한강을 건넜습니다.

마침내 잠시 후면 한양에 다다르게 되는 것입니다. 송파 나루를 건너자 일행은 홍인문(동대문)으로 들어갔습니다.

"드디어 다 왔군!"

영실이 말하자 을수는

"음, 다 왔네."

하고 대꾸했으나, 앞으로 일어날 일이 불안한 모양인지 안절부절못하는 것 같았습니다. 그러나 을수의 불안은 쓸데없는 걱정에 지나지 않았습니다.

5위 도총부에 가서 등록을 하자 일행은 곧 분산되었습니다. 다행히도 영실과 을수는 같이 내금위로 보내졌습니다.

내금위는 경복궁를 지키는 군대로 왕의 친위대입니다. 을수는 내금위로 발령을 받게 된 것이 무척 기쁜 모양이었습니다.

"왜 그렇게 기뻐하는가?"

영실이 그 모습을 이상히 여기고 묻자 을수는 귀엣말로 소곤거렸습니다.

"여보게, 우리는 재수가 좋은 모양일세. 내금위에 가서 임금님을 모시게 되었으니 이보다 영광스런 일이 또 어디 있겠는가!"

"임금님!"

영실은 그만 입이 딱 벌어졌습니다.

그런데 이 두 사람이 내금위에 배속된 데에는 그만한 이유가 있었습니다.

이 무렵 세종께서는 경복궁 경회루 북쪽에 간의대를 쌓고 있었는데, 이 간의대를 쌓는 책임자는 다름 아닌 〈농사직설〉을 쓴 정초였습니다.

내금위에 배속되던 날 호군 하나가 영실과 을수에게 말했습니다.

"자네들은 간의대로 가 보게."

"간의대?"

잡다하게 아는 것이 많은 을수도 이 간의대가 무엇인지는 잘 모르는 것 같았습니다.

"가 보면 알게 되네."

호군은 더 이상 긴 설명을 해 주지 않았습니다.

세종의 눈에 띔

간의대란 무엇인가?

간의대는 바로 천문대입니다.

세종은 어느 날 정초, 이천, 박연 등을 불러 이렇게 말했습니다.

"국가의 근본은 농사이다. 농사가 잘 되어 백성이 배불리 먹을 수 있게 되면 모든 일이 잘 된다. 그러나 농사는 하늘에서 내린 기후에 따라 풍년과 흉년이 좌우된다. 이 하늘의 일을 알자면 천체의 운행과 현상을 관측해야만 되느니라."

이리하여 간의대 건설이 추진되었던 것입니다.

영실과 을수가 간의대로 가자 예순 살이 가까워 보이는 노인이 두 사람을 맞았습니다. 이 분이 바로 이 무렵 별장으로 계시던 이천이었습니다.

"자네들이 경상도에서 올라온 젊은이인가?"

"예."

이천은 두 사람의 얼굴을 유심히 살펴보더니 다시 물었습니다.

"이름이 무엇인가?"

"예, 저는 울산의 박을수입니다."

을수가 먼저 대답하자 이천은 영실을 보며 말했습니다.

"그럼, 자네는 동래의 장영실이겠군."

"네."

영실은 얼른 대답은 했으나 적잖이 놀랐습니다. 조정의 별장 어른이 자신들의 이름을 알고 있다는 것이 놀랍기만 했습니다.

그러자 이천은 빙그레 웃으며 말했습니다.

"그렇게 놀랄 것 없다. 자네들 이야기는 장계를 봐서 모두 알고 있으니까. 그래서 상감께서도 자네들을 특별히 불러 올리신 것이다."

"예에."

영실과 을수는 임금님의 은혜에 너무나 감격하여 그만 그 자리에 꿇어 엎드렸습니다. 이 얼마나 영광스런 일입니까.

이천은 두 사람에게 일어나라고 한 뒤 다시 말했습니다.

"지극하신 성은에 대해선 나중에 또 아뢰일 기회가 있을 것이다. 지금은 무엇보다 간의대를 쌓는 일이 급하다."

잠시 후 이천은 영실을 가리키며 말했습니다.

"자네는 성벽을 쌓는 솜씨가 뛰어나다는데, 간의대는 먼저 석축을 높이 쌓고 그 위에 누각을 짓기로 되어 있다. 여기 도면이 있으니 먼저 계산부터 해 보아라."

"예."

도면을 받는 영실의 두 손은 부들부들 떨렸습니다.

역사에 나오는 천문대는 역서를 만드는 데 쓰여졌습니다. 역서는 지금의 일력이나 달력과 같은 것입니다. 이것은 물론 일반 생활이나 농업에 관계가 깊었습니다.

우리 나라 천문 기술은 삼국 시대에 이미 상당한 수준에 이르고 있었습니다.

백제 무왕 3년(602)에 관륵 스님이 역서와 천문지리서, 둔갑·방술서를 처음으로 일본에 전해 주었습니다. 이것들을 일본에 전파하고 가르친 관륵 스님은 호류사에 살면서 왜국의 초대 대승정이 되었습니다.

이것을 보면 우리 나라에 천문이나 역학이 그전부터 있었음을 알 수 있습니다.

또 신라 선덕 여왕 16년(647)에는 돌을 다듬고 가려내어 첨성대를 쌓았습니다. 이것이 현재 남아 있는 세계에서 가장 오래 된 천문대로 우리 나라의 큰 자랑입니다.

세종이 간의대를 쌓고 천체 관측을 하는 것도 바로 이러한 정신을 이어받은 것이었습니다.

영실은 온 정성을 기울여 석축을 쌓았습니다. 또한 목수 경험이 있기 때문에 석축 위에 세우는 누각도 2층으로 된 전각으로 세웠습니다.

하루는 이천이 물었습니다.

"자네는 글을 아나?"

"네, 조금 압니다."

"그렇다면 이 책을 틈틈이 읽어 보게."

이천은 〈농사직설〉과 갖가지 역서를 영실에게 주며 말했습니다.

영실은 하루하루가 보람 있고 즐거웠습니다. 무엇보다 보람 있었던 것은 간의대가 완성되었을 때 임금님을 뵌 일이었습니다.

그 날, 영실은 조정 백관이 다 모인 자리에서 직접 어전까지 불려 나갔습니다. 영실은 너무도 황공해서 고개도 들지 못하고 쩔쩔매자 세종이 아주 친근한 말투로 말했습니다.

"그래, 요즘에도 책을 많이 읽고 있느냐?"

"예엣!"

영실은 그대로 다시 꿇어 엎드리며 눈물이 나오는 것을 애써 감추었습니다.

'상감께서 그런 것까지 알고 계시다니!'

세종은 영실이 이천이 준 책을 열심히 읽는다는 사실뿐만 아니라, 그가 동래 시절부터 해 온 일까지 모두 알고 있었습니다. 다만 임금의 신분으로 그것을 신하 앞에 드러내지 않았을 뿐입니다.

이 때 황희 정승이 영의정 자리에 있었는데, 세종이 황희를 돌아보며 큰 소리로 말했습니다.

"영상, 저 아이의 몸이 튼튼하다고 보지 않소?"

"예, 누구 말씀이옵니까?"

"저기 꿇어 엎드린 장영실 말일세."

"과연 그러하옵니다."

그제야 황희도 세종 임금의 뜻을 짐작할 수 있었습니다.

"몸도 튼튼하고 똑똑한 것 같으니 늘 내 곁에 두었으면 좋겠군."

임금의 말은 절대적인 권위를 갖고 있었습니다.

한 번 쏟아진 물을 다시 담을 수 없는 것처럼 절대로 취소할 수 없는 것이었습니다.

조정 백관들은 황희가 어떻게 대답할지 모두 신경을 곤두세우고 있었습니다. 황희로서도 경우에 맞는 적절한 대답을 해야만 했습니다.

아무리 왕명이라 할지라도 모든 사람들이 납득할 수 있게 설명하고 그에 걸맞는 지위를 영실에게 주어야 합니다. 지나치게 높은 지위를 주면 신하들의 시샘을 받을 염려가 있고, 또 위계 질서가 허물어질 우려도 있었습니다.

황희는 정중하게 대답했습니다.

"그러시다면 장영실을 호군으로 쓰시는 게 어떻사옵니까?"

"음, 호군이라. 그게 좋겠군."

호군은 장군과 같은 벼슬로서 왕을 가깝게 모시는 호위관이나 다름없었습니다. 그리고 호군이라면 누구라도 납득할 수 있을 정도로 영실에게 걸맞는 직책이었습니다.

영실은 아무 말도 못 하고 그저 소리 없이 감격의 눈물을 흘릴 뿐이었습니다.

혼천의

이제부터 영실은 아침저녁으로 세종을 모실 수 있게 되었습니다.

세종이 영실을 항상 옆에 두고 싶어한 까닭은 그와 수시로 천문학에 대해 의논하고 싶었기 때문입니다.

언젠가 세종은 이렇게 말했습니다.

"과인은 그대가 동래현에서 성벽을 쌓았다는 장계를 보았을 때부터 알고 있었지."

"황공하옵니다."

"그러나 사실 그 때는 그리 대단하게 생각하지 않았었다. 그런데 몇 년 전에 각 도마다 수차를 만들어 쓰게 하라고 어명을 내렸는데, 동래 현감과 경상 감사의 장계가 잇따라 올라왔지."

영실도 생각이 났습니다. 3년 전의 일이었는데, 조정에서 수차를 널리 권장할 때 동래현에도 수차를 만들어 쓰라는 공문이 내려온 적이 있습니다.

그러나 지금처럼 자세한 설계도가 공문에 첨부된 것도 아니었습니다. 수차의 모양이 그려져 있고 크기와 치수 따위가 대강 적혀 있을 뿐이었습니다.

물론 그것만으로도 수차를 만들 수는 있습니다. 그러나 영실은 자기 나름대로 연구를 하여 좀더 편리한 수차를 만들었던 것입니다.

보통 물레방아 모양의 수차는 단지 간편하게 이동할 수 있는 정도일 뿐입니다. 그런데 영실은 물레 두레박에 작은 바퀴를 하나 덧붙여 만들었습니다.

본래 수차는 사람이 그 위에 올라가 발로 돌리기도 하는데, 영실은 수차 굴대에 작은 바퀴를 하나 더 달아 그것을 밟으면서 돌게 했습니다.

즉 작은 바퀴가 돌아가는 힘을 큰 바퀴에 전달하는 톱니바퀴 원리를 이용하여 어린아이라도 쉽게 수차를 돌릴 수 있도록 연구했던 것입니다.

그것이 평판이 좋게 나서 동래 현감과 경상 감사가 장계를 올렸던 것입니다.

"그래, 그런 생각은 어떻게 하게 되었느냐?"

"황송하옵니다만, 수차 그림을 보고서 생각해 낸 것이옵니다."

"그림을 보고서?"

세종은 몹시 감탄했습니다.

"그럼 어떤 물건도 그림만 보면 그대로 만들어 낼 수 있겠느냐?"

"예, 비슷하게는 만들 수 있사옵니다."

이리하여 영실은 혼천의를 만들기 시작하였습니다.

세종은 영실의 혼천의 제작을 돕기 위해 궁중에 있는 귀중한 서적들을 참고하도록 허락했습니다.

혼천의 제작에는 장영실뿐만 아니라 정초, 이천 그리고 박연도 참가했습니다. 이들은 서로 신분과 나이가 달랐지만 연구를 하는

데 있어서 조금도 불편함이 없었습니다.

특히 정초는 예순 살이 넘었으며 이천 또한 예순 살 가까운 나이였습니다. 벼슬로 말한다면 정초는 공조 판서였고 이천은 별장이었습니다. 박연도 영실보다 나이가 많았으며 벼슬도 높았습니다.

영실은 나이도 제일 어리고 신분도 낮았습니다. 그러나 이 곳에서만큼은 나이와 신분을 초월하여 자유롭게 연구할 수 있는 분위기가 만들어졌습니다.

세종 15년(1433), 드디어 혼천의가 완성되었습니다.

혼천의의 구조를 보면 상처럼 생긴 네 발 틈에 원형의 테가 몇 개 끼워져 있습니다. 이 테에 해, 달, 별의 그림이 그려져 있고 이것을 회전시키면서 천체 관측을 할 수 있었습니다.

영실은 이것을 개량하여 혼의혼상을 제작했습니다.

이것은 구체적으로 알려지지는 않았으나 혼천의와 비슷한 것으로서, 다만 각도를 정확히 측정하기 위해 눈금이 새겨져 있었다고 추측됩니다. 즉 혼천의의 테를 각각의 눈금에 맞추어 가면서 관측하도록 만든 것이었습니다.

점점 자신감이 생긴 영실은 세종께 아뢰었습니다.

"전하, 간의대를 하나 더 세웠으면 합니다."

"어째서냐?"

"좀더 큰 혼천의를 장치하자면 지금의 것보다 크고 높은 것이 필요하다고 생각되옵니다."

"으음, 그렇겠구나."

이리하여 간의대를 하나 더 만들었습니다.

이듬해인 세종 16년, 정초가 세상을 떠났습니다.

이 무렵 영실은 새로운 연구에 몰두하고 있었습니다. 그것은 다름 아닌 모래 시계로서 뒷날 자격루의 선구가 되는 신루라는 것이었습니다.

또 영실은 앙부일구를 생각해 냈습니다. 이것 역시 완전한 것은 아니었으나 해 그림자를 측정하여 시간을 알 수 있는 기계였습니다.

"무엇이든지 우리가 할 수 있는 것은 다 해야 하네."

이천은 종종 이렇게 말하고는 했습니다.

이천은 영실과는 따로 동활자 연구에 몰두하고 있었는데, 얼마 후 영실에게 협력을 구하기도 했습니다.

영실은 무엇이든지 한 번 보면 똑같이 만들어 내는 재주가 있었습니다. 더욱이 그는 대장장이 경험이 있어 남달리 쇠붙이에 대한 지식이 많았습니다. 그러므로 이천과 더불어 동활자 연구에도 힘을 기울일 수 있었습니다.

앙부일구

세종 17년(1435), 장영실은 이천과 협력하여 간의를 발명했습니다. 간의 역시 천체 관측 기구로서 크기가 다양하게 있었습니다.

아무래도 간의대의 관측이 미흡하다는 생각이 들었기 때문에 간의를 발명하게 된 것입니다.

"조금이라도 정확한 천문도를 작성하자면 각지의 산에 직접 올라가 관측하는 게 옳은 줄 아뢰옵니다."

세종은 이천과 장영실 등이 상주하자 이를 기꺼이 허락했습니다. 이리하여 휴대하기 편리한 간의가 제작되었으며 백두산, 마니산, 한라산에 관측 요원이 파견되었습니다.

이런 관측기들은 당시의 세계 수준을 훨씬 뛰어넘는 것으로, 만일 지금까지 남아 있다면 세계적인 과학 자료로서 연구, 보존되었을 것입니다.

이어 세종 19년에는 일성정시의가 발명되었습니다.

이것은 해와 별을 관측하는 기계로서 그 모양은 기록에 남지 않아 알 길이 없습니다.

장영실을 비롯한 여러 과학자들이 이룩한 업적은 당시의 최고 수준을 자랑하는 첨단 기술이었습니다.

세종은 여러 종류의 문헌을 수집하여 학자들에게 제공했고 학자들은 이것을 연구, 보충하여 더욱 우수한 기기를 발명했습니다.

세종은 또한 장영실 등이 발명한 천문 관측기기로 많은 자료를 수집했으며, 이것을 바탕으로 하여 새로운 천문도를 작성했습니다.

세종 20년(1438), 왕은 장영실에게 일러 흠경각을 세우게 했습니다. 흠경각은 갖가지 천문 기구를 총괄하는 관아로 지금의 천문 연구소와 같은 곳입니다. 영실은 이 흠경각의 책임자로 있으면서 앙부일구를 완성시켰습니다.

앙부일구는 해의 그림자로 시간을 알아내는 해시계로 이것 역시 실물이 전하지 않고 있습니다. 다만 모양이 가마와 비슷하고, 내부에 24절기의 눈금을 긋고 그 눈금에 비치는 해 그림자로 시간을 알게 했다고 전하고 있습니다.

이렇듯 꾸준히 연구를 계속하게 한 세종은 그 결과를 실제 생활에 응용하기 시작했습니다.

모든 정치의 근본이라고 생각할 정도로 농업에 대한 세종의 관심은 대단했습니다. 장영실 등을 시켜 갖가지 천문 관측기기를 발명하게 한 것도 따지고 보면 농업을 좀더 발달시키기 위한 것이었습니다.

세종은 어렸을 적부터 참으로 많은 농업과 관계된 책을 읽었습니다.

우리 나라 최초의 학문적인 농업 서적은 고려 충정왕 때 이암이 편찬한 〈농상집요〉입니다.

그는 당시의 사람들이 '하늘에만 의존하는 농사'를 지으며 가난하게 사는 것을 한탄하면서 이 책을 펴냈습니다.

조선 시대에 들어 이행이 같은 이름의 책인 〈농상집요〉를 발표했는데, 이것이 이암의 책과 같은 내용인지는 알려지지 않고 있습니다.

태종은 이행의 〈농상집요〉를 참고로 하여, 뽕나무를 심어 가꾸고 누에 치는 방법을 설명한 책을 만들어 백성들에게 널리 나누어 주었습니다.

세종은 이런 부왕의 뜻을 받들어 더욱더 농업 권장에 힘을 기울였습니다. 그래서 좀더 새로운 농업 서적 편찬을 계획했습니다.

그러나 외국의 농업 서적을 그대로 받아들일 수는 없다고 생각했습니다.

"토지, 기후가 다른데 어찌 그것을 그대로 쓸 수 있겠는가?"

이것만 보더라도 세종이 얼마나 진보적이고 과학적인 생각을 했는지 짐작할 수 있습니다.

세종 10년(1428), 왕은 경상 감사에게 명령을 내렸습니다.

"서북 양도의 백성들이 농사 이치에 어둡고 낡은 풍습에 젖어 있어 소출을 제대로 얻지 못하고 있다. 그러니 경상도에서 행해지고 있는 경작과, 씨뿌리기의 좋은 방법과, 흙 성질에 맞는 오곡의 품종과, 잡곡을 번갈아 심는 방법 등을 알아 올리도록 하라."

경상 감사는 왕의 어명을 받들어 농사의 경험이 풍부한 사람을 찾아 다니며 그 방법을 알아냈으며 이것을 왕에게 보고했습니다. 세종은 곧 그 내용을 1000부 인쇄하여 서북 양도에 내려 보냈습니다.

그러나 세종은 이것에 만족하지 않고 다시 정초, 변호문 등을 시켜 더욱 보완하고 수정하라고 명했습니다.

이리하여 완성된 것이 바로 〈농사직설〉(1429년 간행)로, 우리 나라 농학에 있어 자주적인 최초의 저술이었습니다.

〈농사직설〉은 조선 시대 농업의 절대적 규범으로 효종 때까지 계속 사용되었습니다.

즉 효종 6년(1655), 당시의 홍주 목사 신숙이 〈농가집성〉을 편찬하여 왕에게 올리기 전까지 사용되었던 것입니다.

세종 대왕의 공적

세종 대왕의 공적은 참으로 위대합니다. 김종서의 6진 개척도 세종의 공적 중의 하나입니다. 물론 김종서 장군의 활약이 컸지만, 세종 대왕 역시 그에 못지않게 뒷받침을 해 주었습니다.

세종의 6진 개척은 국토를 넓혔다는 것에만 의미가 있는 것이 아니라 국방의 문제와도 관계가 있었습니다.

남쪽으로는 왜구의 소굴인 쓰시마 섬을 정벌하고 또 왜인과의 무역을 어느 정도 허락하기도 했습니다. 그리고 난 뒤 북쪽 방비에 온 힘을 기울였습니다.

봉건 사회에서는 왕이 절대적인 권력을 갖습니다. 그런 만큼 책임 또한 큰 것이기 때문에 항상 신중한 결단을 내려야 했습니다.

세종은 왕위에 오르자 군사에 대한 장비를 더욱 강화시켰습니다.

세종 2년에 벌써 강무장을 두어 무예를 단련시켰으며, 또 세종 5년에는 도성의 성벽을 대대적으로 개축했습니다.

또한 세종은 둔전 제도를 실시했으며, 국경 지대에 견고한 요새를 구축하기도 했습니다. 둔전이란 국경에 주둔하는 부대가 논밭을 일구고 자급자족을 해 가며 싸우는 제도입니다.

세종 15년에는 평안도에 자성군을 설치했습니다. 자성군의 '군'은 군대뿐만이 아닌 일반 백성들도 들어와 사는 고을 형태의 국경 도시를 말합니다.

이듬해 봄 경원부와 영북진을 각각 전진시켜 북쪽으로 좀더 나아갔습니다.

그리고 간목하에 새로이 진을 두고 회령진이라 불렀습니다. 이어 회령진에 도호부를 두고 영북진을 종성군, 공주를 공성현이라고 각각 이름을 고쳤습니다.

세종 18년에는 경성군을 도호부로 승격시키고 또 공성현을 경흥군으로 승격시켰습니다.

다시 세종 22년에는 평안도 압록강 강변에 항성을 쌓고 또 종성군을 다른 곳에 옮겨 본성군을 새로 설치했습니다.

이리하여 부령·회령·종성·경원·온성·경흥의 6진 개척이 완성된 것으로, 이는 결코 한순간에 이루어진 것이 아니었습니다.

함길도 경영이 어느 정도 완성되자 세종은 평안도 경영에 나섰습니다. 평안도 경영은 최윤덕의 4군 개척으로, 4군인 자성·무창·

우예·여연의 국방 태세가 정비된 것입니다.

세종이 군사 정비 다음으로 힘쓴 것은 학문을 발전시키는 것이었습니다. 물론 농업 권장과 과학 진흥도 여기에 속합니다.

세종 원년에 왕은 벌써 변계량을 시켜 고려사를 고쳐 바로잡는 데 힘썼습니다. 이렇게 잘못된 것을 찾아내어 수정하고 보완하는 것이 세종의 뜻이었습니다. 이 일은 세종 3년에 완성되었습니다.

이 때부터 세종은 활자를 개량하고 인쇄법을 고쳤습니다. 그리고 국내와 널리 외국에서 서적을 구입하여 새로운 지식을 받아들이는 데 노력을 기울였습니다. 또 이미 말했듯이 지리지, 악지(음악책) 등을 편찬하게 했습니다.

세종 4년에는 6전을 편찬하는 수찬색을 새로이 두었습니다. 이리하여 세종 8년에는 수찬색에서 편찬한 6전과등록(사본)을 완성시켜 왕에게 올렸습니다.

6전이란 6조의 집무 규정, 다시 말해서 이전·호전·예전·병전·형전·공전의 기본적인 행정법을 말합니다.

또 세종은 춘추관에 일러 정종 실록과 태종 실록을 각각 편집하여 올리도록 했습니다.

아무튼 학문에 대한 세종의 관심은 각별했습니다.

일찍이 집현전을 두어 학문을 연구하게 하였으며, 세종 13년에는 명에 사람을 보내어 산법(수학)을 배우게 했습니다. 이듬해에는 〈삼강행실도〉를 완성시켜 펴내게 했습니다.

〈삼강행실도〉는 설순 등이 왕명을 받아 편집한 것인데, 삼강의 모범이 될 충신·효자·열녀를 각각 112명, 110명, 94명을 뽑아 그들을 기리는 책이었습니다.

또 세종 23년에는 정인지 등을 시켜 〈치평요람〉을 펴내도록 했습니다. 이 책에는 우리 나라와 중국의 정치, 문화의 흥망 성쇠와 공적 등 방대한 내용이 담겨 있습니다.

세종 24년에는 신개, 권제 등을 시켜 다시 고려사를 수정하여 올리게 했습니다. 고려사는 워낙 왜곡된 점이 많아 자꾸만 수정해야 할 부분이 나타났던 것입니다.

세종 27년에 〈치평요람〉이 완성되었고, 또 같은 해에 〈용비어천가〉 전 10권을 편찬하였습니다. 그리고 역사 보관에도 관심을 기울여 춘추관 및 충주·성주·전주의 세 사고에 3조 실록을 분산하여 보관하도록 했습니다.

그리고 세종 28년에는 훈민정음을 공포했습니다. 이어 다음해에는 〈용비어천가〉에 주해를 붙였고 〈석보상절〉이 완성되었습니다. 〈석보상절〉은 석가모니의 일대기를 내용으로 하고 있는데, 이는 왕비 심씨의 명복을 빌기 위해 편찬한 것이었습니다. 또 신숙주 등이 〈동국정운〉을 지어 올린 것도 이 무렵의 일입니다.

이어 세종 31년에는 〈월인천강지곡〉을 펴냈습니다. 〈월인천강지곡〉은 세종께서 〈석보상절〉을 읽고 석가모니의 공덕을 기리며 손수 지은 노래였습니다.

세 번째로 세종이 이룬 공적은 경제였습니다.

세종은 합리적인 공법(조세법) 실시에 앞서 각 도의 논밭을 정확히 측량하게 했습니다.

그리고 또한 통화 정비를 했습니다.

예를 들어 세종 5년에 조선통보를 주조한 것과 세종 6년에 둔전 제도를 마련한 것입니다. 즉 지방관이 그 고을의 황무지 따위를 개간하여 경비로 쓰도록 조처했던 것입니다.

세종 7년에는 처음으로 통전을 사용했는데, 곧 그것을 전용으로 쓰게 했습니다.

그리고 전문 수납의 법을 제정했는데, 전문은 돈의 표면에 글자를 새긴다는 뜻으로 통화의 단위를 정했다는 말입니다.

세종 8년에는 여러 가지 폐단이 생겨 나라나 관에서 관장하는 둔전 제도를 폐지시켰습니다. 물론 변경에서의 둔전 제도는 그대로 실시되고 있었습니다.

그리고 조선 시대에는 유교를 국교로 하여 불교를 억눌렀는데, 각 도에 있는 사찰의 땔감을 얻는 산이나 폐사가 된 절터 따위를 군용으로 돌렸습니다.

뿐만 아니라 세종 9년에는 도량형기(저울)를 만들었으며, 이어 세종 10년에는 호구법을 제정했고 결부법(토지에 따라 매기는 세액 규정)을 마련했습니다.

또 세종 11년에는 우리 나라 화폐 가치의 안정과 경제력을 키우기 위해 명에 사신을 보내어 금·은의 세공(공물)을 면제해 달라고 청했습니다.

또 세종 18년에는 공법 절목을 정하고 공법 상정소를 두었는데, 다시 말해 조세로 바치는 품목 종류와 조세의 부과, 심리 따위를 조사하는 관아를 설치했던 셈입니다. 그리고 새로운 공법을 마련하여 이를 차례대로 시행해 나갔습니다.

세종 22년에 남녀가 혼인하는 나이를 정한 것도 백성들의 경제를 감안하여 정했던 것이고, 백성들의 집의 크기를 제한한 것도 역시 그런 이유 때문이었습니다.

또 세종 때 왜인을 달래기 위해 3포를 열었는데, 무역선의 수효와 무역량을 엄격히 제한했습니다. 이것 또한 국내 경제 사정을 보호하기 위한 세종의 깊은 뜻이 담겨 있었습니다.

그리고 세종 25년에는 전제 상정소를 설치했고, 세종 27년에는 저화를 사용하도록 했습니다.

전제 상정소는 전답의 조사·분쟁을 다루는 토지 관리소이고, 저화는 닥나무 껍질로 만들어 쓴 종이돈이었습니다.

저화는 동전의 보조 화폐로 사용되었으며, 저화 한 장으로 쌀 한 되를 살 수 있도록 정했다고 합니다.

세종 28년에는 의염색을 폐지하고 그 대신 전운색을 두었습니다. 이것은 고려 때의 조운 제도와 같은 것이었습니다.

이 밖에도 세종 29년에 도읍의 기생은 100명을 정원으로 하였고, 부녀자가 절에 가는 것을 금지시켰습니다. 이런 조치는 사치 풍조를 막기 위한 엄격한 정책이었습니다.

네 번째 세종의 공적은 관제 정비였습니다.

세종 10년, 왕은 근검 절약의 모범을 보이기 위해 내관 및 궁관의 제도를 새로 정비했습니다. 대궐에 쓸데없이 많은 인원을 두어 국가 재정을 낭비하는 것을 막았던 것입니다.

그리고 세종 20년에는 문무 양반의 녹봉 제도를 정했고, 이어 22년에는 공신으로 나라에서 하사받은 전답이나 노비는 자손에게 대대로 물려주지 못하도록 법을 정하였습니다.

다섯 번째 세종의 치적으로는 사회 개혁을 꼽을 수 있습니다. 노비 제도의 개혁도 그 중의 하나입니다.

세종 때만 하더라도 왕조가 교체된 지 얼마 되지 않아 많은 노비가 생겨났습니다.

서민 중에서도 생활고에 못 이겨 천민으로 전락하는 일이 많았습니다. 천민으로는 재인이나 화척과 같은 백정이 있었습니다.

세종은 이들을 구호하기 위해 한 곳에 살게 하거나 혹은 군사로 변경에 이주시키기도 했습니다.

이들은 신백정이라고도 불리었는데, 세종은 이런 신백정의 자제들도 글방에서 글을 배울 수 있게 해 주었습니다.

세종은 또 민족의 정통성을 세우는 데 힘을 기울였습니다. 세종 7년, 평양에 단군 사당을 세우게 한 것도 그런 뜻에서였습니다.

이어 세종 11년에는 신라·고구려·백제 시조의 무덤에 제사를 올리게 하고 사당을 수리하기도 했습니다.

이 밖에 세종 15년, 유효통 등을 시켜 〈향약집성방〉을 만들어 올리게 했습니다.

의학의 발달

단군에 관련된 이야기를 보면, 하늘에서 내려온 환웅이 신시를 베풀고 인간을 다스릴 때 그 세 번째 일로 병을 다스렸다고 합니다. 그러므로 우리 나라 의학은 이미 이 무렵부터 시작되었는지도 모릅니다.

치료법으로는 우선 방예(예방)와 풀이가 있습니다.

방예의 종류 중에 제웅이라는 것이 있는데, 정월 보름날 짚 인형에 옷을 입혀 밖에 버리면 액막이를 할 수 있다고 믿었습니다.

풀이는 악귀를 쫓기 위해 무당이 굿을 하는 치료법이었습니다. 또한 환웅이 웅녀에게 쑥과 마늘을 준 것처럼 약으로 치료하는 방법도 있었습니다.

중국의 가장 오랜 의학서로 〈황제내경〉이란 것이 있습니다. 그 가운데 소문편을 보면 '돌침 놓는 법은 동쪽에서 전해졌다'고 씌어 있습니다.

뾰족한 돌로 피부를 자극하는 돌침 방법이 고대 동방, 즉 우리 나라에서 전해졌다고 나와 있는 것입니다.

삼국 시대의 의술 역시 우리 나라 문헌보다 중국이나 일본의 문헌에서 곧잘 발견되고는 합니다.

중국의 〈주서〉 백제전을 보면 다음과 같은 글이 전해지고 있습니다.

대개가 말달리기와 활 쏘기를 중히 여기는데, 그와 겸하여 옛 책과 역사책 읽기를 사랑한다.

그 뛰어나고 빼어난 자는 글을 몹시 잘하거니와, 또한 음양 5행을 깨치고 있어 원가력을 사용하여 인월로써 새해의 설날을 정한다.

놀이로는 투호(화살을 병에 던져 넣는 경기)와 저포(노름의 한 종류)가 있지만, 그 가운데서도 바둑이 성행된다.

이 말은 곧 백제인은 못 하는 것이 없다는 뜻인데, 이는 고구려나 신라인도 마찬가지였으리라고 여겨집니다. 그 중에서도 특히 의술이 뛰어났던 것입니다.

또 일본의 고대 문헌을 보면 신라 실성왕 13년(414)에 왜국의 천황이 양의를 구한 일이 있었습니다.

이 때 신라에서 김무란 이가 건너가 그 병을 고쳐 주고 후한 상을 받아 돌아왔는데, 이것이 일본 문헌에 의(醫)라는 말이 처음으로

등장하게 된 계기였습니다.

또 백제 개로왕 5년(459)에도 왜국에서 양의를 구해 달라는 부탁이 있었습니다.

백제에서는 고구려인인 덕래를 보냈는데, 그 자손이 왜국에 정착하여 대대로 나니와(오사카의 옛 이름)에 살면서 의술을 가업으로 삼았습니다. 이것이 또한 왜국에서의 의사 가문의 시작이었습니다.

이어 백제 성왕 31년(553)에 또 왜국으로부터 의 박사, 역(천문) 박사, 역(점) 박사 및 약초를 보내 달라는 청이 있었습니다.

이리하여 그 이듬해 의 박사 왕유능타, 채약사 번량풍, 정유타를 보냈습니다.

이 밖에도 효덕 천황의 시의였던 고구려인 모치, 천무 천황의 시의였던 백제인 억인, 그리고 역시 천무 천황 때의 백제 스님 법장, 앞에서 나온 덕래의 5대손으로 당에서 유학하고 돌아와 의사의 씨족장을 자칭한 혜일 등 이름난 사람들이 많습니다.

이렇듯 일본의 고대 의학은 우리 나라에서 전해 주었으며, 그들은 명의로서 상류층인 귀족 계급에 속하게 되었습니다.

통일신라 때에는 당과의 교류가 활발하여 의학 또한 발달했습니다.

효소왕 원년(692)에 비로소 의학교를 두고 박사 두 명이 학생을 가르쳤습니다.

이 때의 교과 내용은 본초경·갑을경·소문경·침경·맥경·명

당경·난경 등인데, 이는 당에서 가르치는 것과 거의 비슷했고 다만 안마 박사, 주금(기도) 박사 등이 빠져 있을 뿐이었습니다.

한편, 불교 전래와 더불어 인도 의학도 들어왔습니다. 인도 의학은 서역 의학과도 관계가 있는 것으로서 이것이 통일신라 의학에 많은 영향을 끼쳤습니다.

고려 시대에 이르러 의학은 더욱 발달했습니다. 나라의 기관에서부터 백성들의 시설에 이르기까지 제도적으로 범위가 넓어졌습니다.

태조 왕건은 고려를 세울 때 신라의 제도를 거의 그대로 받아들였습니다.

태조 13년(930) 평양에 서경을 두었는데, 이 때 학교와 학원을 세워 의학을 가르치기도 했습니다.

또 광종 9년(958)에는 과거를 실시할 때 처음으로 시험 과목으로 의와 복(점)이 있었습니다. 그리고 이 때부터 정기적으로 시험을 치렀습니다.

성종 6년(987), 학문을 하는 이 가운데 경학 박사·의학 박사를 임명한 뒤 12목에 각각 한 사람씩 파견하여 해당 학문을 가르치게 했습니다. 그러나 경학만큼 의학을 중요시하지 않았기 때문에 그 성과는 별로 큰 것이 아니었습니다.

한편, 성종은 의료 활동에도 관심이 많아 일부 벼슬아치에 국한된 혜택이긴 했지만 병자에게 시의를 파견하여 치료해 주기도 했습니다.

고려 제11대 왕인 문종은 학문을 좋아하고 백성을 사랑하는 명군이었습니다.

문종은 제위보(구호 기관) 및 대비원의 시설을 늘려 가난한 병자나 굶주린 자를 구호하고 치료하게 했습니다.

또한 의학 서적도 간행되었습니다.

문종 12년(1058)에는 충주목이 '황제 81난경', '천옥집', '상한론', '본초 괄요', '소아 소씨 병원', '소아 약증 병원 18론', '장중경 5장론' 같은 목각 판본을 새로 파서 나라에 바쳤습니다. 또 안서 도호부에서도 '주후방', '의옥집'의 판본을 파서 올렸습니다.

왕은 이것들을 궁중 비각에 보관하는 한편, 송에서 건너오는 장사꾼 가운데 의원이 있으면 오래 머물러 있게 하여 새로운 의학 지식을 얻으려고 애썼습니다.

문종은 말년에 중풍을 앓았습니다. 그러자 송에서는 한림의관 형조 등을 보내 왔고(문종 33년, 1079), 침향·목향·천축황·녹각교·우황·용뇌·주사·사향 등 100가지 약품을 가져왔습니다.

선종 8년(1091)에는 송나라에

"들자 하니 귀국에는 좋은 책이 많다 하는데, 그 목록을 적어 보내 주시고 책 몇 질이라도 보내 줄 수 없겠습니까?"

하고 요청하기도 했습니다. 이리하여 송나라에서는 〈황제내경〉을 보내 주었습니다.

고려와 송의 교류는 그 뒤에도 활발했지만, 특히 송의 의서〈태평성혜방〉100권이 우리 나라 의학에 큰 영향을 끼쳤습니다.

또 송에서 수입하여 쓰던 약품을 국산품으로 대체하기 위해 갖가지 연구와 실용 운동이 일어났는데, 이 때 대장 도감에서 찍어 낸〈향약구급방〉(전 3권)이 오늘날까지 전하고 있습니다. 이것이 우리 나라에 남아 있는 가장 오래 된 의서입니다.

예종 7년(1112)에는 혜민국을 두어 약방문과 약제를 일반인에게 보급하기도 했습니다.

민간에서도 자선 사업으로 의료 활동에 힘쓴 이가 있었는데 채홍철의 활인당, 성석인의 위생당이 유명합니다.

조선 왕조에 들어서자 태조 이성계는 의약 분야에 있어 적극적인 행정을 펼쳤습니다.

태조 2년(1393), 전라도 안렴사 김희선의 장계에 의해 각 도의 의약 행정이 시급하다는 것을 알았습니다.

그리하여 각 도에 의학 교수를 1명씩 보냈는데, 이들의 임무는 양반 자제를 뽑아 '향약 혜민경험방'에 따라 의학을 가르치는 데 있었습니다.

또 태조 6년(1397)에는 제생원을 두어 고려 때의 혜민국처럼 각 도에서 약재를 캐어 바치라고 했습니다. 이리하여 향약 발명의 길이 크게 열린 셈입니다.

이 때부터 제생원을 중심으로 향약의 조사와 활용이 크게 발전되어 그것이 〈향약 제생집성방〉이라는 책으로 엮어졌습니다(1399년). 이 책에는 또한 '우마 의방'이라는 수의학 부록까지 실려 있었습니다.

　세종 때 와서는 그와 같은 노력에 더욱 박차를 가했습니다.

　세종 때 활약한 의학자로는 유효통, 노중례, 박윤덕 등이 있습니다. 결국 이들의 손에 의해 앞에서 나온 〈향약집성방〉(전 85권)이 엮어진 것입니다.

제3부
이름이 남다

측우기

"요즘에는 상감께서 무엇을 만드시고 계신가?"
오랜만에 영실을 만난 을수가 물었습니다.
"이번에는 아주 중요한 것을 만들고 계시다네."
"그것이 무엇인가?"
"측우기라고 하는데……."
"측우기?"
눈이 동그래지며 놀라는 을수를 보고 영실은 그를 격려하듯 말했습니다.
"이번에는 자네 도움이 많이 필요할걸세."
"내가?"
"암, 자네의 대장장이 솜씨를 따를 자가 누가 또 있나?"
세종 23년(1441) 봄, 영실은 이 무렵 자격루 연구에 온 힘을 기울이고 있었습니다.
자격루는 물시계로 이미 몇 년 전부터 연구를 거듭하여 어느 정도 완성되었으나 아직도 영실은 만족하지 못하고 있었습니다.
"좀더 자세히 말해 주게."
을수는 자세한 사정을 알고 싶어 영실을 졸랐습니다.

"측우기는 비가 내리는 양을 측정하는 기기일세."

"음, 알 만해. 그렇지만 비의 양을 알아서 무엇에 쓴단 말인가?"

을수는 고개를 갸웃거렸습니다.

"참 답답하군. 자네 혹시 서운관을 알고 있나?"

서운관은 고려 충렬왕 34년(1308)에 그 때까지 있었던 사천감과 태사국을 합친 것으로서, 고려 때의 천문·역수·측후·각루의 일을 맡아보는 관아였습니다.

이 서운관은 조선 시대에도 그대로 이어졌습니다. 태조 원년에 관제를 새로이 정비할 때에도 서운관은 옛날 명칭 그대로 남겨졌습니다. 그리고 재상·역일·추택 등의 일을 맡아보게 했습니다.

재상은 재앙과 상서로운 일이란 말인데, 옛날 중국에서는 나라가 망하거나 새로이 일어날 때 어떤 징조가 나타난다고 믿었습니다.

고려가 망할 무렵에는 불가사리가 나타났다고 합니다. 불가사리는 모양이 곰 같고 코끼리의 코를 가졌으며 무서운 눈과 소의 꼬리와 범의 다리를 가졌는데, 닥치는 대로 쇠를 녹여 먹었다고 합니다.

물론 누구 하나 그런 것을 실제로 본 사람은 없었습니다. 그런데도 불가사리가 나타났기 때문에 고려가 망한다고 떠들어 댔던 것입니다.

또 자미원(소웅좌)은 천자의 별이라고 여겼는데, 이 별자리에 이변이 생기면 장차 나라가 망한다고 믿었습니다.

물론 별자리 자체에 무슨 이변이 생기는 것은 아닙니다. 지상 관측자들이 봐서 구름이나 안개 또는 그 밖의 현상으로 별무리가 끼었을 때 그렇게 판단한 것입니다. 바로 이런 것을 관측하는 곳이 서운관이었습니다.

그렇다고 해서 서운관이 반드시 비과학적인 일을 하는 곳만은 아니었습니다. 서운관은 나름대로 엄격한 제도와 정밀한 방법으로 운영되고 있었습니다.

서운관에서는 매일 낮과 밤을 가리지 않고 별의 현상 · 날씨 · 천변 지이(천지 자연의 변동)를 관찰하여 기록했습니다. 이 기록을 '풍운기'라고 합니다.

세종 때에도 서운관이 있었습니다. 세종은 농업에 관심이 많고 천체 관측에 흥미를 가졌기 때문에 서운관에 자주 들렀습니다. 영실도 호군으로서 늘 왕을 가까이에서 모셨습니다.

어느 날 세종이 서운관 책임자에게 물었습니다.

"주로 어떤 것들을 기록하고 있는가?"

그러자 서운관 정이 아뢰었습니다. 정은 서운관의 책임자인 정3품 통정대부로서 일반 관아의 참의급입니다.

"우선 청(맑음) · 음(흐림) · 비 · 눈 · 서리 · 이슬과 같은 날씨를 관측하고 기록하고 있사옵니다."

세종은 고개를 끄덕였습니다.

"그 밖에 또 무엇을 기록하는가?"

"예. 풍향(바람 부는 방향) · 뇌전(번개, 천둥) · 포산(우박, 싸라

기)·지진·유성(별똥별)·혜성(살별)·해와 달무리·태백(금성, 샛별)·흑점·일식과 월식·운기(기상의 변화에 따라 구름이 움직이는 모양)를 살피고 있습니다."

세종은 흐뭇한 듯이 다시 고개를 끄덕이며 말했습니다.

"특히 우설상로(비·눈·서리·이슬)에 대해서는 세밀히 기록하도록 해라."

"예."

그런데 세종은 잠시 무엇인가 생각하더니 다시 이렇게 물었습니다.

"그런데 우설상로의 관측 방법으로 어떤 것을 쓰고 있는가?"

서운관 정은 그 순간 어리둥절해졌습니다. 왕께서 질문하는 뜻을 잘 이해하지 못했던 것입니다.

'우설상로의 관측 방법? 그런 것을 새삼 왜 물으실까?'

서운관 정은 매일 기록하고 있는 풍운기를 머릿속에 떠올리며 고개를 갸웃거렸습니다.

그러자 세종이 다시 조용히 말문을 열었습니다. 서운관의 벼슬아치들은 그저 고개를 조아리고 긴장하며 귀를 기울였습니다.

"우설상로가 농사 짓는 데 특히 중요하므로 세밀히 기록하라고 했다."

"예."

"그러므로 우설상로는 세밀하고 정확하게 기록해야 하는데, 어떻게 기록을 하고 있는지 물은 것이다."

"예, 시간의 경과에 따라 기록하고 있습니다."

서운관 정은 진땀을 흘리며 대답했습니다. 그는 아직도 어떻게 대답해야 좋을지 감이 잡히지 않았던 것입니다.

이슬이나 서리 같은 경우 '이슬이 내렸다' 라든가 '서리가 있었다' 는 정도로밖에 기록할 수 없었습니다.

또 눈이나 비는 언제부터 내리기 시작하고 언제 그쳤는지 시간을 기록했지만, 현대처럼 몇 시 몇 분 몇 초라는 단위까지 세밀히 측정하지는 못했습니다. 다만 그것이 내린 시간과 정도를 보아 '큰비'니 '큰 눈'이니 하며 기록하고 있었습니다.

그런 실정이고 보니, 왕의 물음에 서운관 정은 제대로 대답하지 못하고 땀만 흘렸습니다.

그러자 세종이 부드럽게 말했습니다.

"알았다. 그건 경의 잘못이 아니다. 과인은 혹시 특별한 방법이라도 있는가 해서 물어 보았을 따름이다."

세종이 측우기의 필요성을 느낀 것은 이 때부터였는지도 모릅니다.

어전으로 돌아온 세종은 한참 생각하더니 도승지를 불렀습니다. 그리고 나서 집현전의 학자들이 차례대로 불려 갔습니다. 그 가운데에 성삼문, 신숙주도 끼어 있었습니다.

세종이 도승지나 집현전 학자들을 부른 것은 그들의 자문을 받기 위해서였습니다. 세종은 어떤 결정을 내릴 때 혼자서 하는 것이 아니라 반드시 신하들의 의견을 물어 보는 것이었습니다.

이미 자신의 생각이 정해져 있더라도 다른 사람의 의견을 들음으로써 좀더 나은 생각들을 찾을 수 있었기 때문입니다.

성삼문과 신숙주가 세종 앞에 나란히 앉아 있었습니다. 이 두 사람은 세종이 특별히 사랑하는 신하였습니다.

두 사람은 세종의 느닷없는 질문에 대답하기 위해 마음의 준비를 단단히 하고 있었습니다.

"농사를 짓는 데 무엇이 제일 중요한가? 그것은 아마도 비이겠지?"

"예, 그러하옵니다."

"그래서 그대들에게 하는 말인데, 비를 내리는 양에 따라 짧게 구분하고 싶다."

"몇 가지 정도로 말씀입니까?"

"8등분 정도가 좋을 것 같다."

세종과 젊은 두 학자가 이마를 맞대어 가며 의논한 결과 미우, 세우, 소우, 하우, 새우, 취우, 대우, 폭우의 8단계로 나누기로 결정하였습니다.

세종은 이것을 서운관에 보내어 앞으로는 비의 기록을 그와 같이 8단계로 구별해서 기록하라고 일렀습니다.

세종은 이것으로 만족하지 않고 마침내 측우기를 발명하여 제작하게 했던 것입니다.

지금까지 전해 내려오는 측우기를 보면 놋쇠로 만든 원통 모양으로 원통에 눈금이 새겨져 있습니다. 하지만 원형은 이보다 좀더 세밀하고 복잡했으리라 생각됩니다. 왜냐하면 이 때 세종이 발명한 것은 기계적 측우 장치가 되어 있었던 것입니다.

사실은 이 당시의 세밀한 관측 일지 풍운기는 물론이고 측우기도 전하지 않고 있습니다. 지금 남아 있는 것은 영조 때 모방하여 제작한 것으로서 그 일부가 남아 있을 뿐입니다.

세종은 측우기를 발명하자 이와 똑같은 것을 여러 개 만들어 각 도에 나누어 주었습니다. 우량 관측도 각 도에서 동시에 실시하도록 했습니다.

영실과 을수는 측우기를 설치할 장소를 찾기 위해 도성 안 여기 저기를 답사하라는 왕명을 받았습니다.

이 무렵 영실은 상호군이 되어 있었으며, 인왕산 아래 적선방에 살면서 결혼하여 가족도 있었습니다. 상호군은 5위의 정3품 벼슬입니다.

영실과 을수는 먼저 인왕산 기슭을 답사하기로 했습니다.

"먼저 사직골로 가 보세. 거기에 기가 막힌 약수가 있다는 소문을 들었네."

그 곳은 샘물이 풍부하여 물이 넘치고 냇물이 되어 졸졸 흘러내리고 있었습니다.

"이 곳은 아무래도 적당치가 않네. 대우나 폭우라도 내린다면 몰라도."

"그러면 청운골, 아니 백운골까지 올라가 볼까?"

을수의 말에 영실도 별로 반대하지 않고 창의문 쪽으로 올라갔습니다.

"이 곳에는 새우만 내려도 물살이 세지는 곳일세. 취우(소나기)라도 쏟아졌다 하면 폭포수처럼 그 물이 무섭다네. 게다가 창의문이 가까우니 성 문지기 군사들에게 기록을 하게 할 수도 있고."

"과연 적당한 곳이군."

영실은 그 곳에 측우기를 하나 세우기로 했습니다. 을수도 반대하지 않았습니다.

백운동에서 내려오면 청운동이고 그 근처를 청풍계라고 합니다. 과연 맑은 냇물이기는 하지만 소나기라도 내린다면 흙탕물이 내려올 염려가 있었습니다.

더욱이 하류에는 경복궁을 비롯한 많은 궁이 있는 곳이므로 적절한 우량 관측과 그 대비는 중요한 문제였습니다.

청풍계에는 등성이 하나만 넘으면 옥류동(옥인동)이 나타납니다. 이 곳은 경복궁도 멀지 않고, 산마루에서 굽어보면 경회루도 보였습니다.

옥류동 골짜기는 인왕산 계곡 중에서도 가장 깊고 그윽하며 나무들이 우거져 있어 물도 맑았습니다. 영실은 옥류수 계곡에도 측우기를 하나 설치했습니다.

"오늘은 북악산에 오르세."

이튿날 영실은 을수에게 말했습니다. 북악산은 바로 경복궁 뒤에 솟아 있고 삼각산의 한 봉우리인 만경대로부터 뻗어 나온 남쪽 줄기입니다.

"아니, 산 위에도 측우기를 설치할 셈인가?"

을수는 간의도 아닌 측우기를 산 위에 설치한다는 것이 뜻밖이라는 듯이 말하자, 영실은 싱글벙글 웃으며 대꾸했습니다.

"산꼭대기에는 비가 내리지 않는단 말인가?"

삼각산은 본디 최고봉인 백운대를 중심으로 그 북쪽이 인수봉이고 동쪽엔 만경대가 있습니다.

만경대는 또한 국망봉이라고도 부르는데, 처음에 무학 대사가 이 곳에 올라 멀리 나라 안을 굽어보았다 해서 생겨난 이름입니다.

이 북악산 꼭대기에 백악 신묘가 있었습니다. 한양에는 이 곳까지 올라와 소원을 비는 부녀자들도 많았습니다. 사당에 모신 신은 정녀 부인인데, 아주 영험이 있어 부녀자들의 신앙을 모으고 있었던 것입니다.

영실은 그 백악 신묘 옆에 측우기를 장치했습니다. 관리나 관측을 하는 데 있어 여러 가지로 편리했기 때문입니다.

북악산에서 내려오면 삼청골이 나오는데, 이 곳 역시 맑은 계곡에 새가 지저귀고 솔바람이 그윽하여 마치 신선이 사는 곳 같았습니다.

이 곳은 한양 성 안에서 경치가 좋기로 첫째가는 곳이었고, 삼청동 입구에는 병풍바위가 솟아 있었습니다. 그리고 북악에서 흘러내리는 모든 계곡물이 이 병풍바위 앞에 모여들었습니다.

"여기도 하나 설치할 만하군. 그렇게 생각하지 않는가?"

"음, 괜찮겠지. 우리 집이 이 근처이니까 이 곳은 내가 관리하지."

을수는 영실의 말에 찬성하며 이렇게 덧붙였습니다.

"이 근처를 영수골이라 부르는데, 자네는 그 내력을 알고 있나?"

"글쎄, 잘 모르겠는걸."

"건국 초에 영수 도인이라고 있었는데 바로 이 곳에서 도를 닦았다고 하네."

"사람의 모습을 전혀 볼 수 없고 민가에서 멀리 떨어졌으니, 과연 도를 닦을 만한 곳이군."

영수골에서 등성이 하나를 넘자 그 곳 역시 100년 묵은 노송들이 우거져 있고 작은 폭포가 있었습니다. 이 골짜기가 바로 운장골로, 고려 말부터 혜철이라는 중이 암자를 짓고 수도하던 곳이었습니다.

"여기까지 왔으니 형제 우물의 약수나 마시고 가세."

이 당시 삼청동에 오르는 사람 중에 형제 우물의 물을 마시지 않은 사람이 없었습니다. 이 우물의 본래 이름은 성제천(별에 비는 우물)인데 나중에 형제천이라고 불리게 되었던 것입니다.

이 곳에 칠성당이 있었는데, 형제천의 물을 정화수로 떠서 칠성님께 빌었다고 합니다. 이런 신앙은 모두 우리 민족 고유의 것으로 고조선 시대부터 내려온 것이었습니다.

이 근처에는 장안에서 유명한 인왕산 기슭의 백호정과 쌍벽을 이루는 운룡정의 활터가 있어 시위 당기는 소리가 들려 왔습니다.

그리고 활터 옆으로 도교의 태청·상청·옥청의 세 신을 모시는 삼청전도 있습니다. 나라에서는 이 때까지만 해도 도교를 숭상했는데, 그것을 관할하는 관아로 소격서가 있었습니다.

그러나 훗날 중종 때 정암 조광조가 유교의 이상 정치를 부르짖으며 삼청전과 소격서마저 없애 버려 그 이름만 남게 되었습니다.

다음날도 영실은 을수와 함께 집을 나섰습니다.

"오늘은 어디로 갈 참인가?"

"숙정문 쪽으로 가세."

운룡정의 동쪽 솔밭으로 난 오솔길을 한참 올라가면 그 곳이 숙정문으로 한양의 북문입니다.

한양에는 모두 8개의 문이 있었는데 오늘날 남아 있는 것은 숭례문인 남대문과 흥인문인 동대문 정도입니다.

"여기서 좀 쉬어 가세."

영실이 먼저 말했습니다.

이 곳은 마치 산 속처럼 고요하여 사람들 소리에 놀란 새들이 호들갑스런 소리를 내며 날아갔습니다.

영실은 문득 생각난 듯이 중얼거렸습니다.

"이 숙정문 밖에 안평 대군께서 무이정사를 갖고 계시다네."

"그렇다면 안평 대군께서 이따금 숙정문을 지나다니시겠군. 아무튼 형님이신 수양 대군 못지않게 괄괄한 분이시지."

영실은 대꾸를 하지 않았습니다. 영실은 뒷날 문종으로 제위하게 될 세자를 몹시 존경하고 있었습니다. 성품이 온화하고 착했으나 병이 있는 듯 어딘지 모르게 약해 보였습니다.

둘째인 수양 대군은 영실과도 자주 얼굴을 마주쳤습니다. 수양 대군은 흠경각에도 자주 나타날 뿐 아니라 천문 관측기기 제작에도 간섭이 많았습니다. 물론 아버님인 세종이 하시는 일에 흥미를 갖는 것이니 이해 못 할 일도 아니었습니다.

그러나 영실은 수양 대군을 별로 좋아하지 않았습니다.

'그분은 너무 강하셔. 아니 지나치게 무서운 분이야. 안평 대군은 한 번도 흠경각에 나타난 적이 없었지.'

셋째인 안평 대군은 글을 잘할 뿐 아니라 또한 명필가였습니다. 그리고 놀기를 좋아하여 무이정사에 사병들을 모으고 활 쏘기, 말 달리기, 칼 쓰기 같은 무예 단련을 하고 있었습니다.

"그만 일어나세. 빨리 알맞은 곳을 찾아 측우기를 장치해야 하잖은가."

영실은 쓸데없는 생각을 떨쳐 버리기라도 하듯 자리를 훌훌 털고 일어섰습니다. 이 북문을 나가 동쪽으로 산길을 내려가면 그 곳이 성북동이었습니다.

그러나 숙정문을 나가지 않고 동쪽으로 발을 옮기면 그 곳은 가

회동 막바지였습니다. 경복궁이 굽어보이는 이 곳은 백록동이라 불리는 곳으로서 역시 경치가 아름다운 곳이었습니다. 그 곳에 측우기를 장치한 영실은 그대로 산을 내려왔습니다.

자격루

영실은 측우기를 설치하는 일이 마무리되자 다시 이천과 함께 자격루 발명에 힘을 기울였습니다.

자격루는 물시계로, 그 구조는 좁은 구멍을 통하여 물이 일정하게 떨어지도록 한 뒤 그 양에 따라 시간을 알 수 있도록 만든 것입니다.

앙부일구나 자격루는 정확한 시각을 알리기 위하여 발명한 것입니다. 정확한 시간 측정은 천문 관측기기에 필요할 뿐만 아니라 측우기 관측과도 관계가 있었습니다.

즉 모든 조사를 하는 데 있어 시간이 가장 중요하므로 이런 것들이 발명된 셈입니다.

이 당시 시간은 하루 24시간을 24방위 이름을 붙여 사용하고 있었습니다.

그 순서는 다음과 같습니다.

계시 : 1시	← 오전, 오후 →	1시 : 정시
축시 : 2시		2시 : 미시
간시 : 3시		3시 : 곤시
인시 : 4시		4시 : 신(申)시
갑시 : 5시		5시 : 경시
묘시 : 6시		6시 : 유시
을시 : 7시		7시 : 신(辛)시
진시 : 8시		8시 : 술시
손시 : 9시		9시 : 건시
사시 : 10시		10시 : 해시
병시 : 11시		11시 : 임시
오시 : 12시		12시 : 자시

그러나 옛날의 시간은 지금의 시간과 조금 달랐습니다. 즉 오전 1시인 계시는 지금 시간으로 오전 0시 30분부터 1시 30분까지의 1시간을 가리키는 것입니다. 이와 마찬가지로 축시는 오전 1시 30분부터 2시 30분까지입니다.

또 하루를 열둘로 나누는 12시법도 있었습니다. 이것은 2시간 단위로 계산하는 방법이었습니다.

자시 : 오후 11시부터 오전 1시 사이

축시 : 오전 1~3시 사이

인시 : 오전 3~5시 사이

묘시 : 오전 5~7시 사이

진시 : 오전 7~9시 사이

사시 : 오전 9~11시 사이

오시 : 오전 11시부터 오후 1시 사이

미시 : 오후 1~3시 사이

신시 : 오후 3~5시 사이

유시 : 오후 5~7시 사이

술시 : 오후 7~9시 사이

해시 : 오후 9~11시 사이

  이렇게 두 가지 방법이 있었는데, 사람들은 일상 생활에 편리한 12시법을 사용했습니다.

  세종은 측우기와 수표(양수표)를 청계천에 장치했는데, 자격루가 알리는 시간에 따라 종각의 종을 울리게 했습니다. 일반 백성들은 이 종소리로 시간을 알았으며 측우기나 수표의 관측도 했습니다.

  이천은 여러 가지 면에 있어서 영실의 스승이었습니다.

  본관이 예안인 이천은 성격이 치밀했으며, 최무선의 화통에도 관심이 많았습니다. 그러나 성격이 매우 강직하여 부정을 몰랐고 집이 늘 가난했습니다.

그러던 어느 날 이천이 영실에게 말했습니다.

"오늘은 날도 따뜻하니 목멱산이나 가 보세."

목멱산은 우리 말로 마뫼라고 하는데 바로 남산을 가리키는 것입니다. 남산은 목멱산이라는 이름 말고도 인경 또는 종남산이라고도 일컬었습니다.

영실은 평소 근엄하기만 하던 이천의 말이라

"꽃놀이 말입니까?"

하고 되물었을 정도였습니다.

"그래, 한번 가 보세."

누구나 느끼는 일이지만, 뾰족하고 날카롭기만 한 북악의 바위 모습에 비한다면 마뫼는 아주 부드럽습니다. 북악이 남자라면 마뫼는 여자에 비유할 수 있습니다.

그리고 북악이나 인왕은 가을 경치가 볼 만했지만 마뫼는 봄과 여름이 좋았습니다.

"먼저 봉수대에 올라가 볼까?"

이천이나 장영실은 군인이었던 만큼 봉수대에 관심이 많았습니다. 영실은 봉수대에 올라가 보고 나서 몹시 감탄했습니다.

"뭘 그리 감탄하나?"

"예, 백 번 듣는 것보다 한 번 보는 일이 낫다더니, 과연 그렇군요. 저는 봉수대가 다섯 개나 있을 줄 몰랐습니다."

"이것도 다 상감께서 분부하셔서 만들어 놓은 것일세."

밤에 드는 횃불을 '봉'이라 하고 낮에 피우는 연기를 '수'라고 합니다. 그런 봉수대가 동쪽으로부터 제1거, 제2거, 제3거, 제4거, 제5거로 나누어져 있었습니다.

제1거는 함경·강원 두 도에서 올라오는 신호를 주고받습니다. 제2거는 경상도, 제3거는 평안·황해 양도의 육로 연락용이고 제4거는 역시 평안·황해의 해로를 담당하고 있습니다. 그리고 제5거는 전라·충청 양도와 연락하고 있었습니다.

"어떻게 연락을 취하지요?"

"평시라면 봉수를 하나 올린다네. 즉 밤에는 횃불을 하나, 낮에는 연기를 한 가닥 피워 올리는 것이지. 그리고 적이 나타나면 두 개씩, 적이 국경 가까이 오면 세 개씩, 국경을 침범하면 네 개씩, 그리고 전투가 벌어지면 다섯 개씩 올린다네. 그리고 자네도 내금위에 있어 알겠지만, 목멱 봉화둑의 횃불이나 연기는 내금위에서 판독하기로 되어 있네."

"부끄럽습니다."

영실은 자기가 내금위 소속이고 상호군으로 있으면서도 아직 그 사실을 몰랐다는 것이 부끄럽게 느껴졌던 것입니다.

"부끄럽긴! 자네는 흠경각의 일을 맡고 있었으니 어쩔 수 없는 일이지. 자아, 그것보다 이왕 이 곳에 왔으니 꽃구경이나 하세."

이천은 영실을 위로해 주는 마음 씀씀이도 잊지 않았습니다.

사실 마뇌는 골짜기가 깊지 못하여 그윽한 맛은 없었으나 곳곳에

꽃이 있어 눈을 즐겁게 해 주었습니다.

이천과 영실은 청학동 쪽으로 내려갔습니다.

청학동은 북악 기슭의 삼청동과 인왕 기슭인 인왕동, 창의문 옆의 백록동과 더불어 한양에서 경치 좋기로 이름난 곳이었습니다. 청학동은 지금의 장충단 근처를 말합니다.

이천은 다 쓰러져 가는 어느 초가집 앞에 이르자 영실을 안으로 안내했습니다.

"여기서 쉬어 가세. 봄이라곤 하지만 좀 걸었더니 덥지 않은가!"

이렇게 말하고는 이천은 전립(벙거지)을 벗고 전복도 훌훌 벗었습니다. 이 때의 군인들은 소매가 없는 윗옷을 걸치고 있었는데 이것을 쾌자라고 합니다. 이것은 등솔을 길게 터서 벗기 쉽고 행동하기에 간편한 옷이었습니다.

영실은 어리둥절하여 주위를 둘러보았습니다. 그 곳은 주막도 아니고 보통 가난한 서민집처럼 보였기 때문입니다.

그러자 이천이 재촉하듯 말했습니다.

"뭘 꾸물대고 있는가. 쾌자를 벗고 뒤꼍에 가서 우리 세수나 하세."

"예. 하오나 이 곳은?"

그제야 이천은 껄껄 웃으며 말했습니다.

"이게 우리 집이라네. 괜찮으니 어서 벙거지와 쾌자를 벗게나."

영실은 시키는 대로 했습니다. 그런데 이천이 이렇듯 가난하게 사는 줄은 몰랐습니다. 그러면서도 조금도 부끄럽게 생각하지 않고 사는 모습이 훌륭한 인품 그대로라고 생각되어 머리가 저절로 숙여졌습니다.

세종 25년 12월에 훈민정음 28자가 새로이 만들어졌습니다. 우리말 창제는 우리 역사에 있어 가장 위대한 발명이었습니다.

이 훈민정음 창제에는 집현전 학자들과 정인지, 신숙주, 성삼문의 활약이 컸습니다.

훈민정음을 창제하기 위해 우리 나라 주변의 종족들, 특히 퉁구스족, 몽고족 계통의 말을 많이 참조했습니다. 즉 한자와는 확실히 구별되는 새로운 문자를 창제해 냈다는 데 큰 의미가 있는 것이었습니다.

세종은 훈민정음을 창제할 때 우리 민족의 시작과 전해 내려온 전통, 문화를 머릿속 깊이 새겨 두고 있었습니다.

훈민정음이 제정되자 무엇보다도 한자 문화에 젖은 벼슬아치들의 반대가 컸습니다. 세종은 이러한 사람들을 깨우치기 위해 〈용비어천가〉 10권을 간행했습니다. 한글을 한자와 섞어 씀으로써 새로운 문자의 우수성을 보였던 것입니다.

세종 28년, 소헌왕후 심씨가 세상을 떠났을 때 세종은 〈석보상절〉을 간행하여 왕비의 명복을 빌어 주었습니다.

〈훈민정음〉은 세종 28년 9월에 간행되었습니다. 다음해에는 〈용비어천가〉 주해와 〈동국정운〉이 간행되었습니다. 이것들은 모두 훈

민정음을 뒷받침하기 위해 만들어진 것입니다.

마침내 세종은 재위 32년, 쉰네 살이라는 나이로 승하하셨습니다.

이천과 장영실은 이 때 하늘이 무너지는 것만 같았습니다.

고향으로 돌아가다

1450년, 세종이 승하하시자 세자가 왕위에 올랐습니다. 그런데 그 해 7월에 경복궁에 있던 주자소가 폐지되었습니다.

어느 날 을수가 영실에게 말했습니다.

"나는 이번 기회에 고향으로 돌아가겠네. 대궐에서 내가 할 일도 이미 없어졌지 않은가!"

그것은 영실도 마찬가지였습니다. 그러나 영실은 쉽게 자기 속마음을 드러내지 않았습니다.

잠시 후에 을수가 또 말했습니다.

"자네는 그래도 아직 흠경각에서 할 일이 있잖은가! 내 몫까지 합해서 새 임금을 잘 모시도록 하게."

"고맙네. 우리 어디 가서 술이나 한잔 나누세."

영실과 을수는 동촌으로 갔습니다. 그 곳에 있는 주막집에서 이별의 술을 마시기 위해서였습니다.

이들은 술을 마시다가 문득 주모에게 물었습니다.

"이 근처에는 뭐 재미있는 일이 없소?"

"재미있는 일이라구요? 사람 사는 곳이란 다 비슷비슷하지 않겠어요."

"그야 그렇지."

을수가 껄껄 웃으며 맞장구를 쳐 주었습니다.

그러자 주모가 다시 말했습니다.

"참, 요 안 골목에 부마댁이 있지요. 임금님이 살아 계실 때 자주 납시었답니다."

이 말에 영실과 을수는 흐트러졌던 자세를 바로 했습니다. 세종께서 자주 찾으셨다는 부마댁이란 바로 의산군 남휘의 집으로, 남휘는 태종의 넷째 딸인 정선 공주의 남편이었습니다.

"호오, 그런 일도 있었군요."

을수는 감개무량한 듯이 말했습니다.

세월은 너무도 빨리 흘렀습니다.

문종 원년(1451), 영실이 존경해 마지않던 이천이 일흔여섯 살의 나이로 세상을 떠났습니다. 마침 음력 11월이라 상여가 나가던 날은 몹시 추웠습니다.

이어 문종 2년에는 황희가 아흔 살의 나이로 세상을 떠났습니다. 황희 정승은 세종의 업적을 뒷받침했을 뿐 아니라 나라의 기둥 같은 인물이었습니다.

그런데 이 해 5월 문종 또한 겨우 서른아홉 살의 젊은 나이로 승하하고 말았습니다. 그 뒤를 이어 세자가 왕위를 이었는데, 이 분이 바로 단종으로 이 때 겨우 열두 살이었습니다.

문종은 현덕 왕후 권씨와의 사이에 1남 1녀를 두었는데, 단종은 태어난 바로 다음날 어머니를 잃었습니다. 그렇기 때문에 세종은 가엾은 손자를 끔찍이 사랑했습니다.

어린 단종의 후견인으로 수양 대군이 영의정이 되었습니다. 그러자 이듬해에 기어코 피비린내 나는 사건이 발생하고 말았습니다.

단종 원년 10월에 수양 대군이 황보 인과 김종서를 죽였고, 동생인 안평 대군마저 사약을 내려 죽게 했던 것입니다.

이어 단종 3년에는 급기야 수양 대군이 왕위를 차지했으며, 조카 단종은 노산군으로 강등시켜 영월로 보냈습니다.

이어 이듬해(1456년)에 성삼문 등이 단종 복위를 꾀하다가 참혹하게 죽임을 당했으며, 1457년에는 노산군이 세상을 떠났습니다.

'이제 조정에 더 머물러 있을 필요가 없겠군.'

영실은 그렇게 결심하고 사임하겠다는 뜻을 밝혔습니다. 상관은 그를 만류했으나 영실은 자신의 결심을 굽히지 않았습니다.

"이제 소인은 고향에 돌아가서 농사나 지을까 합니다. 아무쪼록 허락해 주십시오."

이리하여 영실은 상호군 직책에서 물러났으며 몇몇 동료가 그를 위해 송별회를 열어 주었습니다.

"고맙네. 이왕이면 동촌에 술맛이 좋은 곳이 있으니 그 곳에 가서 마시도록 하세."

영실은 몇 년 전 을수와 함께 찾아갔던 주막집이 생각나서 그렇게 말했습니다.

영실은 동료들과 그 주막집에 가서 취하도록 술을 마셨습니다. 옛날 그대로인 그 주모는 영실을 보더니 무척 반가워했습니다.

"주모, 그 뒤에 뭐 재미있는 일이라도 있었소?"

"있지요."

"어디 안주 삼아 들어 봅시다그려."

"나리들은 부마님 댁 이야기를 알고 계실 테죠."

"알고 있지. 의산군 남휘와 정선 공주 댁 말이잖소."

"예, 바로 그 댁 도련님이 장가를 드셨는데 참 묘한 일이 있었지요."

주모의 말에 의하면, 하루는 남이가 큰길에 나가 놀고 있는데 어떤 어린 여자 종이 이고 가는 보자기 위에 분을 하얗게 바른 귀신이 앉아 있는 것을 보았다고 합니다.

이상하게 생각한 남이는 그 뒤를 따라갔습니다. 한참을 걸어가던 여자 종은 목멱산 북쪽 산기슭에 있는 으리으리한 기와집으로 들어갔습니다.

바로 권남의 집으로서, 그는 수양 대군(세조)을 도와 왕권을 잡게 한 공신이었습니다.

남이가 문 밖에서 서성거리고 있자 갑자기 안에서 곡성이 들려

왔습니다. 하인에게 물어 보았더니 갑자기 권남의 딸이 죽었다는 것이었습니다.

'옳지, 그 귀신의 장난이로구나.'

남이는 이렇게 생각하고 종에게 말했습니다.

"나를 들여보내 주시오. 그러면 댁의 아가씨를 살려 낼 테니."

그 집 사람들은 남이의 말을 믿지 않았지만 남이가 하도 장담을 하는 바람에 방으로 안내했습니다.

남이가 방으로 들어가 보니 귀신이 처녀의 가슴을 찍어 누르며 앉아 있는 것이었습니다. 그 때 남이가 눈을 크게 부릅뜨자 귀신은 달아났고, 이윽고 처녀는 살아났다고 합니다.

"그거 재미있는 이야기군그래. 그래서 남이가 세도가인 권남의 사위가 되었단 말인가?"

"예, 그렇지요."

어려서부터 무예와 용맹이 뛰어났던 남이는 북으로 이시애의 난을 평정했으며, 야인의 건주위를 점령하여 세조의 신임을 받아 병조 판서까지 되었습니다.

그런데 유자광 같은 간신이 남이를 모함하여 스물 여덟이라는 아까운 나이에 억울한 죽음을 당하고 말았습니다.

며칠 뒤 영실은 가족을 데리고 한양을 떠났습니다.

"아버지, 우린 어디로 가지요?"

"동래로 돌아가련다. 그 곳이 아버지의 고향이니까."

이렇게 말하고는 영실은 먼 하늘을 우러러보았습니다. 그러자 문득 분녀 누나와 고향의 모습이 눈앞에 떠올랐습니다.

"그 곳에 가서 무얼 하실 거예요?"

이번에는 작은 아들이 물었습니다. 그러자 큰아들이 영실 대신 대답을 했습니다.

"농사를 짓는 거야. 넌 그것도 모르고 있었니?"

과학과 전통의 계승

세종 대왕에 의해 과학의 씨가 뿌려진 이후 세조는 새로운 과학 정책을 펴 나갔습니다.

세조 2년(1456)에 왕은 집현전을 없앴으나, 이듬해 정월 〈국조보감〉을 편찬하게 하였고 11월에는 장악서를 악학 도감에 합병시켰습니다.

이어 세조 4년(1458)에 아악서를 전악서에 합쳤고 지나치게 확대되었던 관아를 정비했습니다. 이 해 3월에 박연이 세상을 떠났습니다.

또 세조 5년에는 석보상절과 월인천강지곡을 합하여 주석을 붙인 〈월인석보〉도 간행했습니다. 농업에도 관심을 두어 〈신선잠서〉라는 누에치기 방법을 책으로 펴내기도 했습니다. 그리고 〈경국대전〉의

편찬을 시작하기도 했습니다.

세조는 또 부왕의 업적인 훈민정음 보급에도 힘써 누에치기 책을 언해(한글로 토를 다는 것)했고, 능엄경 언해·금강경 언해·원각경 언해 등을 잇달아 간행했습니다. 특히 세조는 불교에 신앙심이 깊어 원각사의 건조를 명하기도 했습니다.

세조는 과학 방면에도 관심을 두었습니다. 그는 앞서의 〈교식추보법 가령〉을 고쳐 〈일원교식추보법〉을 펴냈습니다.

특히 세조 12년(1466)에는 친히 규형(측량 기계) 및 인지의(인쇄기)를 만들어 높고 낮음, 멀고 가까움을 응용한 측량 기술 개발에 힘썼습니다. 천문 관측에 중점을 두었던 세종과는 달리 현실적인 국토 지리 연구에 방향을 돌린 것이었습니다.

우리 나라는 옛날부터 지도에 관심이 많았는데, 측량 기계의 발달로 보다 정확한 지도를 만들 수 있게 되었습니다. 그리하여 규형이 완성되기 얼마 전인 세조 8년에는 정섭, 양성지 등의 노력으로 동국지도가 완성되었던 것입니다.

양성지는 다시 동국도경을 완성시켰는데, 우리 나라 지형이 지도와 가깝게 그려진 것은 바로 이 때부터였습니다.

이런 기계들과 책들은 궁중의 흠경각에 깊이 보관되었습니다.

세조가 승하하고 1469년에 예종이 왕위에 올랐을 때 천하도가 완성되었으며, 방대한 내용을 가진 〈경국대전〉이 최항 등에 의해 완성이 되었습니다.

이것은 6전을 집대성한 것으로, 조선조의 정치가 모두 이것을 바탕으로 실시되었던 것입니다. 그리고 성종 16년(1485)에는 〈경국대전〉의 최종본을 완성하였습니다.

그러나 과학 발달은 계속 침체를 벗어나지 못하고 있었습니다.

그런데 인조 9년(1631), 명나라에 갔던 사신 정두원이 돌아와서 서양인이 저술한 '치력 연기', '천문략', '자명종', '천리경', '일구관' 등을 왕에게 올렸습니다. 서양 천문학이 우리 나라에 처음으로 들어온 셈입니다.

특히 서양 역법이 재래의 역법보다 정밀함을 알고서 서둘러 그것을 배우기로 작정했습니다.

효종 4년(1653), 우리 나라에서도 시헌력을 쓰게 되었습니다. 시헌력은 종래의 순음력에서 태양 음력으로 방향을 바꾼 획기적인 발전이었습니다.

이에는 당시 관상감에서 일하던 김상범이란 이의 공로가 컸습니다. 그러나 전달 과정에서 잘못이 있었는지 달의 크고 작음과 절기의 시각에 있어 가끔 오차가 발생하는 결점이 생겼습니다.

이리하여 숙종 34년(1708), 허원이 시헌법 칠정표와 연조법을 배워 와 천체 관측법에 큰 진전이 있었습니다.

이어 영조 17년(1741)에는 서양인이 저술한 '일월 교식표', '8선 대수', '8선표', '대다 천미표', '일월 오성표', '율려정의', '수리정본', '일식주고', '월식주고'가 들어왔습니다.

한편, 천문 관측기기는 흠경각에 버려진 채 먼지만 쌓여 갔는데, 성종 22년(1491)에 규표를 제작하여 천체 관측을 하는 등 겨우 명맥을 이었습니다.

이어 중종 20년(1525), 이순이 목륜이란 것을 만들어 바쳤는데 이것도 천문 관측기기였습니다. 그것은 매우 정교한 것이라 왕은 관상감에 명하여 사용하도록 했습니다.

선조 때 임진왜란이 일어나 세종 때부터 있어 온 흠경각의 관측 기구들이 모두 불타 없어졌고, 선조는 이를 아깝게 여겨 동 34년 (1601) 이항복을 시켜 옛날의 기기를 다시 복구하라고 일렀습니다. 이 때 과연 얼마나 회복되었는지는 알 수 없습니다.

효종 8년(1657)에 최유지가 선기 옥형(혼천의)을 만들어 바쳤는데, 물의 힘으로 작동되고 해와 달의 운행과 시각의 늦고 빠름을 정확히 관측할 수 있었다고 합니다.

이어 현종 5년(1664)과 동 10년(1669)의 두 번에 걸쳐 송미영, 이민철 두 사람이 왕명으로 측후의와 혼천의를 제작했으며 흠경각도 옛 모습대로 다시 지었습니다.

그리고 숙종 13년(1687)에는 다시 이민철을 시켜 현종 때의 옛 기기들을 수리하도록 했고, 제정각을 창덕궁 희정당 남쪽에 세워 보관하도록 했습니다.

또 숙종 30년(1704)에는 안중태, 이시화를 시켜 부건 혼천의를 만들게 했으며, 경종 3년(1723)에 청에서 서양의 것인 문진종을 보내 오자 그대로 본을 떠서 만들도록 했습니다.

영조 역시 과학 진흥에 힘쓴 분이십니다.

영조 8년(1732)에 안중태 등을 시켜 숙종 때 만든 혼천의의 결함을 바로잡게 했으며, 규장각을 경희궁 홍정당 동쪽에 세우게 하고 이것을 보존하였습니다.

또 동 46년(1770), 창덕궁 안에 방치되어 있는 우리 나라 최초의 석각천문도와 지평일구를 관상감으로 옮긴 뒤, 석각천문도는 누각을 지어 비바람을 맞지 않도록 했으며 지평일구는 대를 쌓아 그 위에 올려 놓게 했습니다. 뿐만 아니라 세종 때의 측우기를 다시 만들어 이것을 8도에 나누어 주었습니다.

또한 영조 42년(1766)에는 서명응을 시켜 백두산의 상한의로 위도가 42도 3분임을 측정한 일이 있었습니다.

고종 13년(1876)에 경복궁에 큰 화재가 있었는데, 이 때 또 흠경각에 화재가 나 복원시킨 과학 기구들이 불타 버렸습니다.

현재 남아 있는 혼의·측우기 등은 그 때 민간으로 흘러나온 것으로서 원형 그대로 완전한 것은 아닙니다.

해설

　장영실은 15세기에 활약한 과학자로서, 그가 태어난 해나 세상을 떠난 해는 알려지지 않고 있습니다. 그러나 미천한 신분으로 태어났음에도 불구하고 세종 대왕의 발탁을 받아 놀라운 발명을 차례로 해냈습니다.
　그가 발명한 것으로 대소 간의, 흠경각 혼상, 앙부일구, 일성정시의, 자격루 등이 있지만 인쇄술이나 구조술에도 공헌이 컸습니다.
　그러나 발명이나 고안은 한 사람의 힘으로 되는 것은 아닙니다. 본문에서도 알 수 있듯이 그에게는 정초, 이천, 박연 같은 협력자가 있었습니다. 그리고 무엇보다도 그에게 그와 같은 기회를 주고 재능을 발휘하게 한 분은 바로 세종 대왕이었습니다.

 물론 세종 대왕 이전에 천문 관측에 대한 연구가 없었던 것은 아닙니다. 신라 선덕 여왕 때의 첨성대는 물론이고 고려 시대에도 천체 관측이 활발히 이루어졌습니다.

 아깝게도 그것들이 모두 역사 속으로 사라져 버려 그 모습을 볼 수 없는 게 유감일 뿐입니다. 그러나 측우기 같은 것은 당시의 어느 나라도 흉내내지 못한 독특하고도 참신한 발명이었으며, 다시 한 번 우리 민족의 우수성을 보여 준 수작임에 틀림없습니다.

 어쨌든 장영실을 비롯한 일련의 과학자들은 우리 역사에 남는 위대한 공헌을 했습니다. 그런데도 그 빛을 보지 못하고 헛되이 사라져 갔습니다.

 조선 시대는 사회 구조상 장인을 경멸하고 대단치 않게 여기는 풍습이 있었습니다. 장영실이 한낱 이름 없는 서민 출신이고, 이천 또한 무인으로서 이런 연구에 종사한 것만 보더라도 알 수 있습니다.

 뿌리깊이 박혀 있는 공장 천대 사상 때문에 그들의 사적을 몇 줄로 기록하는 데 그쳤으며, 그것마저 전혀 언급이 없는 것도 많습니다.

 만일 이들이 유학을 하는 학자였다면 사정은 달랐을 것입니다. 그들의 업적을 반드시 계승하는 사람이 나타나고 더욱 발전시키는 한편 기록도 풍부히 남겼을 것입니다.

만일 그렇다면 전란이 있다 하더라도 고스란히 없어지거나 먼지를 뒤집어쓴 채 잊혀지지는 않았을 것입니다.

다행히 영조 때 이르러 그 복원이 시도되고 천문 관측과 역서 연구가 활발해지기는 했지만, 장영실과 같은 학자들의 과학 정신이 전통으로서 전해졌으면 더욱 좋았을 것입니다.

과학은 전통의 바탕에서 이루어집니다. 전통 없는 황무지에서 좋은 수확을 얻기란 힘듭니다.

현대 과학의 역사를 보아도 알 수 있지만, 특히 과학은 앞사람이 이룩한 연구를 바탕으로 다시 비약하는 것입니다.

우리에게는 전통은 있었으나 그것을 소홀히 했기 때문에 맥이 끊어졌습니다.

이 점을 교훈 삼아 앞으로는 그러한 일이 없도록 노력해야 할 것이며, 어린이 여러분에게 이러한 의도가 조금이라도 전달되기를 바랄 뿐입니다.

연보

1411 한양에 5부 학당을 세움.

1412 조운법을 다시 실시함.

1415 조지소를 둠. 화통군 400명을 증원함.

1416 각 도에 뽕나무를 심게 함. 도첩제 실시.

1418 세종, 왕위에 오름. 이종무의 쓰시마 섬 정벌(1419년).

1421 주자(활자)와 인쇄법을 개량함.

1423 조선통보를 주조함. 한양 목멱산에 봉수대를 둠.

1424   악기 도감을 두고 악기 제조 및 악서 편집함.

1426   한양에 대화재 일어남. 방화법을 정함.

1427   박연, 석경 제작.

1430   〈농사직설〉 간행. 각 도에 수차 관개법을 권장.

1433   장영실·정초, 혼천의 발명. 유효통, 〈향약집성방〉 저술.

1435   주자소를 경복궁 안에 옮김.

1437   장영실, 일성정시의·앙부일구 발명.

1438   장영실, 흠경각 책임자가 됨.

1441   측우기 발명. 측우기와 양수표를 각지에 설치함.

1442   측우법을 제도화시킴.

1443   훈민정음 창제.

1450   세종 승하. 주자소를 폐지함.

최무선

제1부
난세를 만나

큰 뜻을 품다

"아버님, 이번에는 제가 승천포에 다녀오겠습니다."
하고 무선이 말했습니다.

승천포는 송도에서 남쪽으로 40리가 좀 넘는 거리에 있는 포구로서, 고려 왕실이 몽고의 난을 피하여 강도로 옮겼을 때 이 곳에 승천부를 두어 궁궐을 지은 곳이라 제법 번화한 곳이었습니다.

본래 송도는 예성강과 임진강 사이에 있고 주운(배 왕래)이 발달된 도성입니다. 그리하여 북쪽에 있는 염주(연안), 안서(해주)로 가자면 토성을 지나 예성강을 건너야 하는데 이 때 벽란도라는 나루를 거칩니다.

한편, 송도 남쪽엔 풍덕이 있고 장단 고을이 있습니다. 동쪽에서 영평강이 흐르고 북쪽에서 징파강이 흘러와 마전에서 합친 뒤 장단 남쪽을 굽이돌아 임진강에 흘러들고, 다시 서쪽으로 흐르다가 한강과 만나며 풍덕 땅 승천포로 빠지게 됩니다.

"오냐, 이제 너도 어른이 되었으니 먼길을 떠나도 괜찮겠지. 그러나 아무쪼록 조심해야 한다."

"아버님, 걱정 마십시오. 하루면 오갈 수 있는 곳인데 설마 무슨 일이야 있겠습니까!"

무선은 체격이 좋았으며 짙은 눈썹 아래 두 눈이 부리부리하게 빛났습니다.

"누구하고 같이 갈 작정이냐?"

아버지는 그래도 걱정스러운 듯 거듭 물었습니다.

"영팔이를 데려갈까 합니다. 여럿이 가는 것보다 두 사람이 단출하게 가는 편이 남의 눈에도 잘 띄지 않아 좋을 것 같습니다."

무선은 자신감 있는 목소리로 자기 의견을 말한 뒤 흰 이를 드러내며 씨익 웃었습니다.

"좋은 생각이구나."

"아버님, 고맙습니다."

절을 하고서 밖으로 나온 무선은 뜰로 내려서며

"아범! 아범!"

하고 불렀습니다.

"예, 서방님."

마흔 살이 좀 넘어 보이는 하인이 달려왔습니다.

집 안에 여러 명의 하인이 있어도 무선은 항상 영팔이라는 이 하인을 찾곤 했습니다.

"아버님께서 승낙을 하셨어. 어젯밤에 말한 대로 승천포로 가는 거다."

"꼭 서방님께서 가셔야 합니까?"

뜻밖에도 영팔은 조금 불만스럽다는 듯이 되물었습니다. 다른 하인들 같으면 이 젊은 주인에게 불평은커녕 말대답도 못했을 것입니다.

그러나 영팔은 다릅니다. 영팔은 무선이 어렸을 때부터 늘 업어 키웠으며, 무엇보다도 무선에게 말 타는 법을 가르쳐 준 장본인입니다. 그리고 친한 형이나 아저씨처럼 무선에게 상상도 해 보지 못한 많은 이야기를 들려주기도 했습니다.

"그깟 원나라 장사꾼 녀석이 오는데 마중까지 갈 필요는 없지 않습니까?"

"모르는 소리, 나에게도 다 생각이 있다."

무선은 크게 껄껄 웃으며 영팔을 놀리듯 말했습니다.

"혹시 산적이라도 크게 만나게 될까 봐 무서워서 가기 싫은 것이냐? 그렇다면 할 수 없지. 나 혼자 갈 수밖에."

"원, 서방님도! 산적 같은 것은 몇 놈이 나타나도 주먹으로 때려눕힐 수 있습니다. 다만 제 말은 이원인지 하는 그놈의 낯짝을 보고 싶지 않다는 것이지요. 놈이 워낙 도도하고 건방져서……."

"또 그 소리를 하는구나."

무선은 가볍게 혀를 쯧쯧 찼습니다. 원나라 사람을 미워하는 것으로 말하자면 무선도 영팔이 못지않습니다. 그러나 이번에는 마음속 깊이 다짐한 바가 있었습니다.

"그래서 싫다는 말이냐? 설마 나더러 짐을 지고 혼자 떠나라는 것은 아니겠지?"

영팔은 무선의 말에 대꾸도 하지 않고, 코방귀를 뀌듯 고개를 돌려 버렸습니다. 그러나 무선은 그저 예, 예, 하며 복종하는 하인보다 이런 영팔이 더 믿음직스러웠습니다.

이윽고 영팔은 안채로 뛰어 들어가더니 괴나리봇짐을 등에 걸머지고 나왔습니다. 좀전에 있었던 불만을 깨끗이 지워 버린 얼굴에 목소리도 한결 가벼워졌습니다.

"서방님, 가시지요. 그런데 이 봇짐에는 대체 뭐가 들어 있지요?"

무선은 벌써 저만치 앞장서서 걸어가며 대꾸했습니다.

"말하면 또 화를 내려고? 사실은 활구 몇 개를 주고 인삼을 몇 뿌리 구했지."

활구는 은병입니다. 고려 때 화폐로 쓰던 것으로 벌써 숙종 6년(1101) 때부터 사용되고 있었습니다.

은 한 근으로 은병 한 개를 만들었는데 그 가치는 일정하지 않았으며, 쌀 15섬과 50섬 사이를 오르내렸다고 합니다.

"그러나저러나 원나라 장사꾼한테 이런 것을 갖다 바쳐야 하다니, 세상이 말세로군요."

아무리 흉허물없는 사이라도 듣기에 따라선 몹시 무례한 말이었으나, 무선은 귓전으로 흘려 버렸습니다. 그러나 어느새 그의 얼굴은 어두워져 있었습니다.

최무선은 과연 어떤 사람이었을까요?

안타깝게도 그가 태어난 해는 기록에 남겨져 있지 않습니다.

본관은 영천 최씨이며, 아버지는 고려의 벼슬아치로 광흥창사였던 최동순입니다.

무선이 대여섯 살쯤 되었을 무렵입니다.

무선은 넓은 말터에서 영팔의 도움을 받으며 말 타기 연습을 하고 있었습니다. 무선은 매일 말을 타면서 도대체 이 말이 어디서 왔는지 궁금하기 짝이 없었습니다.

'송도에는 목마장(목장)도 없는데 집집마다 말들이 있는 걸 보면, 어디선가 말을 많이 놓아 기르는 곳이 있을 거야. 그 곳이 어딜까?'

참다못한 무선은 영팔에게 물었습니다.

"아범, 이 말은 어디서 가져왔지?"

"도련님, 그야 섬에서 가져오지요."

"섬?"

"예, 연흥도라는 섬이지요. 수주(수원) 서쪽에 남양이란 고을이 있는데 그 앞바다에 대부도가 있고, 거기서 물길로 다시 30리를 가면 연흥도가 있지요."

"그래? 그런데 왜 그렇게 먼 곳에서 가져오지?"

"관에서 말을 쓰려면 넓은 목마장이 있어야 해요. 대부도나 연흥도는 말을 기르기 알맞은 곳이고, 마장 목자(목동)가 말들을 돌보고 있지요."

무선은 궁금증이 조금 풀리는 것 같았습니다. 그러나 그 나이 또

래의 소년들은 호기심이 많기 때문에 귀찮을 정도로 질문을 하기 마련입니다.

"그런데 아범은 어디서 말 타는 것을 배웠지? 그만하면 싸움터에 나가서 훌륭히 싸울 수도 있을 거야."

"도련님!"

별안간 영팔의 얼굴이 어두워 보였습니다.

"그것은요, 도련님이 좀더 크면 가르쳐 줄게요."

"꼭이야."

무선은 그 이상 묻지 않았습니다. 아이들의 호기심이란 깊이가 없어 곧 잊어버리기 때문입니다. 그런데 열 살이 되었을 때 영팔과의 약속이 문득 생각났던 것입니다.

그것은 우연한 일이었습니다. 어느 날, 무선은 집에 와 있는 여진족 사람과 영팔이 무엇인가 열심히 이야기하는 것을 보았습니다.

'아범은 여진족 말도 잘 하는구나.'

여진족은 옛날부터 고려의 동북면이나 서북면에서 살던 종족이라고 무선은 알고 있었습니다.

'옳지, 그가 말을 잘 타는 까닭을 이제야 알겠구나. 그도 아버지처럼 한때 동북면에서 살아 여진족과 사귀고 말 타는 법도 배웠을 거야. 한번 물어 보아야지.'

무선은 곧장 영팔을 말터로 불러냈습니다. 영팔은 어슬렁거리며 다가오더니 이상하다는 듯이 물었습니다.

"도련님, 아침부터 말달리기를 하시려구요? 아침 나절엔 글을 읽으셔야죠?"

"아냐, 글공부보다 더 중요한 것이 있어. 아범은 약속을 지켜야 해."

"무슨 약속인데요?"

"왜 약속했잖아. 아범이 말을 잘 타는 까닭을 가르쳐 준다고 말이야."

"아, 그 약속!"

영팔은 신음 소리를 내며 무선과의 약속을 떠올렸습니다.

"꼭 가르쳐 주어야 해. 그리고 난 아범이 여진족과 이야기하는 것도 보았어."

영팔은 다시금 한숨을 내쉬었습니다. 그리고 침통한 얼굴로 입을 열었습니다.

"도련님은 제가 말을 잘 타는 이유가 궁금하시단 말이지요?"

"응."

무선은 말을 먹이기 위해 잘 말려 놓은 풀더미에 벌렁 쓰러지며 하늘을 올려다보았습니다. 순간, 건초의 싱그러운 향기가 몹시 상쾌하게 느껴졌습니다.

영팔도 이젠 할 수 없다는 듯이 건초 더미에 앉았습니다. 그의 눈은 몹시 맑았고, 무선처럼 하늘을 올려다보았으나 어딘지 모르게 슬퍼 보였습니다.

새로운 세계

"도련님, 저도 옛날에는 도련님처럼 어린 시절이 있었고 할아버지나 할머니에게 아득한 옛날 이야기를 해 달라며 졸랐었지요."

영팔은 이렇게 무거운 입을 열었습니다. 무선은 어린 마음에도 무척 엄숙하다는 느낌이 들었지만, 눈을 동그랗게 뜨고 귀를 기울였습니다.

"아득한 옛날, 세계의 지붕이라는 북쪽 넓은 벌판에 사람들이 살고 있었죠. 그 곳 사람들은 말과 형제처럼 지냈습니다. 말젖을 짜고 발효시켜 목이 마를 때 마시기도 하고 몸의 기운을 돋우기도 했어요. 또 말고기도 먹었고 말가죽으로 천막을 만들어 넓은 풀밭 여기저기를 옮겨 다니는 생활을 했답니다."

"그래서?"

"그들은 이윽고 말 타는 방법을 알아냈어요. 물론 안장도 없이 말을 타는 거예요. 저도 어렸을 땐 안장 없는 말을 타고 벌판을 신나게 달렸었지요."

무선은 점점 영팔이 하는 말에 끌려 들어가고 있었습니다. 마치 꿈을 꾸는 것처럼 마음이 부풀고, 구름처럼 가볍게 날아가는 기분이었습니다.

무선은 두 무릎을 꼭 붙이고 팔로 끌어안으며 영팔을 물끄러미 쳐다보았습니다.

"말을 타려면 간편한 옷과 가죽신 같은 것이 필요하답니다. 이렇게 필요할 때마다 새로운 방법이나 도구를 궁리해 냈는데, 이런 걸 발명이라고 하지요. 사람들은 몸에 꼭 맞는 바지를 입고 가죽신을 신은 채 말의 옆구리를 차면서 달렸답니다."

이야기를 하는 영팔의 눈에는 어느덧 슬픔의 빛이 사라지고 오히려 광채가 빛나고 있었습니다.

"도련님, 그런 바지를 어떤 사람들이 입고 있는지 생각해 보신 적이 있나요?"

"글쎄."

무선은 생각이 날 듯 말 듯한지 고개를 갸웃거리자 영팔이 미소를 지으며 말했습니다.

"잘 생각해 보세요. 고려인, 여진족 그리고 몽고인이 입고 있지요."

"참, 그렇구나."

"그런데 중국인이나 유구인이나 왜인들은 바지를 입고 있지 않습니다. 왜 그럴까요? 잘 생각해 보면 바지를 입는 사람들은 사냥을 하며 고기를 먹고 여기저기 옮겨 다니면서 삽니다. 그런데 중국인처럼 바지를 입지 않는 사람들은 한 곳에 정착하여 농사를 지으며 살고 있지요."

무선은 영팔의 말이 좀 이상하다고 생각되었습니다.

'그렇다면 고려인도 몽고족도 여진족도 한 계통이란 말이야? 아

니, 그렇지는 않을 거야. 우리 고려인은 몽고나 여진처럼 사냥보다는 농사를 더 많이 짓고 있잖아!'

무선은 농사를 짓는 민족은 바지를 입지 않는다는 말이 아무래도 잘 이해되지 않았습니다. 영팔도 그 문제까지는 무선에게 자세히 설명해 주지는 못했습니다.

"도련님, 비록 말은 못 하지만 말도 사람처럼 말귀를 알아들을 수는 있지요."

영팔은 다시 화제를 바꾸었습니다.

"제가 어렸을 때, 저희 집엔 말이 많았지요. 하기야 우리 일족 모두의 것이었지만……."

그러면서 그는 또 하늘을 올려다보았습니다.

초여름의 햇살이 눈부신 푸른 하늘엔 햇솜 같은 흰 구름이 두둥실 떠 있습니다.

"얼마나 많이 있었는데?"

"수백 마리가 넘었지요. 우리 일족은 모두 20집도 안 되었는데, 말은 훨씬 더 많았어요. 그러니까 한 집에 몇십 마리씩 있었던 셈인데, 그 때 아직 어린 저에게도 제 몫으로 두 마리나 있었답니다."

"그럼 부자였잖아? 그런데 말을 어째서 그렇게 많이 길렀지?"

"전쟁을 하기 위해서였지요."

"전쟁?"

"도련님! 아까 제가 바지를 입고 가죽신을 신고 사냥을 하는 사람들이 여기저기를 옮겨 다니며 유목 생활을 한다고 했었지요?"
"응."
"그 사람들도 몇백 년이 지나는 동안 식구가 늘자 자연히 갈라지게 되었지요. 그런데 갈라진 부족 중에는 좀더 권력을 차지하기 위해 다른 부족을 공격하는 경우가 종종 있지요. 그렇게 해서 전쟁은 일어나게 되는 거랍니다. 전쟁이 나면 사람들은 몇십 리, 몇백 리 밖에 있는 말이라도 전부 끌고 달려와야 해요. 싸우다 보면 말도 지치기 때문에 자주 갈아타기 위해서지요. 그럴 때 말을 불러 모으거나 기운을 내게 하기 위해 날카롭게 휘파람을 불거나 노래를 불러 주면 말도 용기를 내고 좋아한답니다."

영팔은 거기까지 말하더니 자리에서 일어섰습니다. 그리고 동쪽 하늘을 향해 절을 하며 무엇인지 무선이 알아들을 수 없는 말로 중얼거렸습니다.

어쩌면 멀리 자기의 조국 땅을 마음속에 그리며 주문을 외고 있는 것인지도 모릅니다.

무선은 그런 영팔의 모습을 멍하니 바라보며 자신에게 새로운 세계가 열릴 것만 같은 희망을 느꼈습니다.

고려인의 얼

무선은 어느덧 열세 살이 되었습니다. 그도 여느 아이들처럼 한문 공부를 하며 학문을 닦았습니다.

어느 날 무선은 아버지에게 물었습니다.

"아버님, 영팔은 우리 고려 사람이 아니죠? 어떻게 우리 집에 있게 되었습니까?"

그러자 아버지 최동순은 희끗희끗해진 턱수염을 쓰다듬더니 무선을 물끄러미 바라보며 말했습니다.

"꼭 알고 싶으냐?"

"네."

"그렇다면 말해 주마. 그는 원래 여진족 추장의 아들이란다. 이름도 영팔이 아니라 파스파라고 하지. 내가 동북면에 있을 때 전쟁이 있었는데, 그 때 여진족 추장이 자기 아들을 볼모로 보냈던 거란다."

무선은 그 동안의 모든 의문이 한꺼번에 풀리는 듯 고개를 끄덕였습니다.

"그러나 무선아!"

아버지는 엄숙한 목소리로 다시 말문을 열었습니다.

"이것만은 꼭 명심하도록 해라. 그가 옛날에는 여진족이었다 해도 지금은 분명히 고려인이다. 또 지금 그가 우리 집 종으로 있는 것 역시 사람의 힘으로는 어쩔 수 없는 노릇이다. 부처님께서도 모든 일에는 인과 응보가 따른다는 것을 말씀하시지 않았느냐!"
"네."
"다만 나는 영팔이가 종이라고 해서 마소처럼 부려먹거나 차별하지는 않는다. 언젠가는 영팔이도 종 신분을 벗게 해 주고 싶구나."
"네, 아버님! 꼭 그렇게 해 주세요."

무선 역시 영팔이 여진족이라는 것을 알고 난 뒤에도 차별이나 멸시는 하고 싶지 않았습니다. 오히려 더 친근감을 느꼈습니다.

아버지는 또 이런 말을 했습니다.

"나는 무인이라서 글은 짧다만, 중국인들이 말하는 오랑캐라는 말은 당치 않다고 생각한다. 그들은 자기들만이 문명 개화 민족인 것처럼 으스대고, 자기 나라가 이 세상의 중심이라 하면서 중국이라 뽐내는 것은 참으로 가소로운 일이 아닐 수 없단다."

중국의 고대 국가로서 하, 은, 주라는 세 왕조가 있었습니다.

공자가 말하는 예의와 음악의 나라인 주는 견융의 침략을 받았는데(기원전 771년), 견융이 바로 중국에서 오랑캐라 부르는 흉노의 조상이었다고 합니다. 오랑캐라고 부르며 얕보는 중국의 사고 방식은 아마 이 때부터 시작되었는지 모릅니다.

"너도 알겠지만 한자가 이 나라에 들어온 것은 신라가 고구려와 백제를 멸망시킨 무렵이었다. 그리고 이 한자 때문에 안타깝게도 우리의 옛것들 대부분이 중국식으로 바뀌고 말았구나. 또 진시황은 만리장성을 쌓았는데, 그 바깥쪽에 있는 민족을 오랑캐라고 했다. 북적(흉노)이니 동이니 하는 말이 바로 그것이다. 동이는 아마도 우리 고려인들까지 가리키는 모양인데, 너는 그 글자를 쓸 줄 아느냐?"

"네."

"한번 써 보아라."

무선은 종이 위에 동이(東夷)라는 글자를 썼습니다.

"그래그래. 동녘 동, 오랑캐 이, 즉 동쪽 오랑캐라는 말이다. 이 밖에도 중국인들은 여진이니 몽고니 하고 두 글자로 된 나라 이름을 썼다. 어째서인 줄 아니? 자기네들은 진, 한, 수, 당, 송 하며 외자로 된 나라 이름을 쓰면서 말이다. 이것은 자기네들과 오랑캐를 구별하겠다는 교만한 생각에서 나온 것이었지."

무선에게 있어 아버지의 말씀은 마치 멀었던 눈을 환하게 뜨도록 해 주는 놀라운 충격이었습니다.

"그런데 그런 중국인들도 무시 못 할 부족이나 나라가 있었다. 저들의 기록인 〈한서〉에 보면 예, 맥, 한 같은 나라가 바로 그것이다. 두 글자가 아닌 외자로 부족 국가 이름을 기록했다는 것은 그들을 동등하게 본 것이 아니고 무엇이겠느냐!"

견융의 침략을 받은 주나라는 세력이 약해져 각 곳의 영주들끼리 싸움을 벌였습니다. 이것이 바로 춘추 전국 시대로서 진시황이 천하를 통일할 때까지 계속되었습니다(기원전 221년).

"무선아!"

아버지는 계속 말을 이어 나갔습니다.

"우리 태조(왕건)께서는 나라를 새로 여실 때 고구려의 옛 땅인 요동과 중국의 북부까지도 수복하려는 큰 뜻을 품으셨다. 그래서 나라 이름을 고려라 하셨던 것이며 발해의 유민까지 거두어들이셨다. 또 안으로는 신라의 옛 정신을 이어받으려고 힘쓰셨다. 화랑도와 불교, 그리고 백성들에게 이두를 쓰게 한 것도 바로 그러한 뜻에서였느니라."

무선은 저절로 고개가 숙여졌습니다. 아버지의 말을 들을수록 자기 자신이 부끄럽게 여겨졌기 때문입니다.

'한문을 배우면서 나는 오히려 우리의 역사보다 중국의 것을 더 받들고 배우려고 했던 게 아닐까?'

중국의 한은 일단 멸망했다가 다시 중흥됩니다. 왕망이 제위를 찬탈하고 신을 세운 것입니다.

그러나 신은 겨우 15년밖에 이어지지 않았습니다. 유수가 왕망을 멸망시키고 다시 한을 일으켰던 것입니다. 이 신을 사이에 두고 앞의 것은 전한, 뒤의 것은 후한이라 불립니다.

후한은 황건적의 난이 일어나고(184년) 위, 촉, 오가 새로이 일어나면서 마침내 멸망했습니다(220년).

이어 위는 촉과 오를 차례로 멸망시켰으며, 위의 재상 사마씨가 위마저 멸망시켜 진을 세웠지만 그 세력은 약했습니다.

그러자 흉노의 선우인 유연이 세력을 뻗쳤고, 그의 부하 석륵이 진의 수도 낙양을 공격하여 멸망시켰습니다(311년). 그러나 이 때 강남으로 달아난 왕족 하나가 동진이란 나라를 세웠습니다.

한편, 고구려는 이 무렵 한 4군 가운데 하나만 남아 있던 낙랑군을 쳐 없애서 중국의 세력을 몰아내는 데 성공했습니다(313년).

"무선아, 내가 왜 너에게 이런 말을 자꾸 들려주고 있는지 알겠느냐?"

"네. 고려인은 마땅히 고려인의 얼을 가지라는 가르침인 줄 압니다."

"그렇다. 사마씨의 진이 멸망했을 때 5호 16국이 차례로 나타나 중국의 북부를 차지했었다. 이 무렵 흉노가 점점 쇠퇴하고 선비가 나타나 세력을 늘려 갔다. 그런가 하면 티벳 계통의 부견이란 영걸이 나타나 선진이란 나라를 세웠다."

"저도 부견의 이름은 들어 알고 있습니다."

"알고 있다면 말하기가 쉽겠구나. 부견은 선비의 모용부가 세운 연을 멸망시켰는데(369년), 이 때 연의 왕족인 모용평이 우리 고구려로 도망쳐 왔었지. 고구려에선 모용평을 잡아 선진에 돌려보내 주었는데, 부견이 이를 고맙게 여기고 순도라는 중과 불경을 고구려에 보내 주었던 거란다(372년). 그러자 백제는 강남에 있던 동진과 손을 잡았고, 그 곳에서 마라난타가 건너와 불교가 전래되었지(384년)."

"네."

"이어 선비의 탁발부가 다른 나라들을 쳐 없애고 북위를 세웠다. 그런데 무선아, 내가 말하고 싶은 것은 역사나 불교의 전래가 아니다. 어떤 민족이고 자기 나라 말을 잃게 되면 결국에는 망한다는 것을 너에게 일깨워 주고 싶어서니라."

"알고 있습니다."

"말은 곧 사람들의 단결을 가져오는 수단이고 정신이며 민족의 얼이다. 북위는 강력한 무력을 갖고 있었으나, 스스로 자기들 풍속인 변발을 폐지하고 선비어마저 쓰지 못하도록 백성들에게 영을 내렸다. 이렇게 어리석은 일이 또 있겠느냐?"

겨우 다섯 살에 황제가 된(470년) 북위의 효문제는 정치를 담당하게 되자 변발 폐지, 선비어 사용 금지 같은 정책을 썼습니다. 효문제의 이런 조치는 마침내 북위의 분열을 가져왔고 멸망을 불러들였습니다.

결국 갈라진 북주의 장군 양견이 수를 세웠고(581년), 수 또한 고구려를 치려다가 을지문덕에게 대패하여 당이 그 뒤를 이었던 것입니다(617년).

씨름과 석전

무선은 어렸을 때부터 겨울을 유난히 좋아했습니다. 어른들은 추운 겨울 내내 집에 틀어박혀 있지만, 아이들은 아무리 춥고 눈발이 날리더라도 밖에 나가 뛰어 노는 걸 좋아합니다.

겨울 놀이로 무선이 좋아한 것은 뭐니 뭐니 해도 씨름이었습니다. 이웃 아이들 중에서도 무선에게 당할 아이는 하나도 없었습니다.

"아범, 함께 가겠어?"

이제 한 달만 지나면 무선도 열다섯 살이 되는 어느 해 섣달이었습니다.

"또 말씀입니까?"

영팔은 씨익 웃으며 어느새 나갈 채비를 합니다. 요즘에는 무선이 눈짓만 해도 씨름판에 나가자는 걸로 알고 있습니다.

언젠가 갯가 모래밭에서 아이들끼리 어울려 씨름하는 것을 보고 영팔은 문득 발길을 멈추었습니다. 무선도 아이들 사이에 끼어 있었습니다.

무선은 영팔의 모습을 힐끗 보고서도 대꾸도 하지 않은 채 맞붙은 아이를 힘으로만 쓰러뜨리려고 했습니다.

"도련님! 씨름은 그렇게 하는 게 아니에요."

영팔의 말에 무선은 상대편 아이의 목을 감고 있던 팔을 풀면서 그를 쳐다보았습니다.

"이렇게 하지 않는다면 어떻게 하는 거지?"

"씨름은요, 먼저 편을 가릅니다. 그리고는 서로 예의 바르게 힘을 겨루는 거랍니다."

"흥!"

무선은 코방귀를 뀌며 퉁명스럽게 대꾸했습니다.

"그건 몽고식 씨름이잖아. 난 그런 씨름은 싫어."

"몽고 씨름과는 다르지요. 샅바를 매고서 하는 씨름을 샅바 씨름이라고 하지만, 발해나 그 뒤를 잇는 요나 금나라에서는 그렇게 하지 않았어요."

"그럼 씨름을 어떻게 한다는 거야?"

"두 손을 땅에 대고 몸을 웅크려요. 그리고 서로 머리를 맞대고 맞붙어 있다가 마치 소처럼 싸우지요."

"야, 재미있겠다!"

다른 아이들은 손뼉을 치며 좋아했습니다. 무선도 재미있을 것 같았습니다. 그래서 영팔에게 심판을 부탁하고는 매일같이 씨름을 했던 것입니다.

씨름은 활 쏘기 다음으로 무인이 단련해야 하는 기본 무예였습니다.

무선이 즐겨 하던 놀이로 또한 석전이라는 것이 있습니다. 석전은 돌팔매질을 하며 싸우는 놀이였습니다.

석전을 할 때에는 마을끼리 편을 갈라 마을의 경계 같은 냇물을 사이에 두고 돌팔매질을 했습니다. 석전에는 어른들도 참가했습니다.

고려 때에는 왕이 직접 석전을 관람하여 상을 내리기도 했습니다. 돌팔매질 솜씨가 뛰어난 젊은이는 군사로 뽑히기도 했는데, 팔매질만 전문으로 하는 척석군이 편성되어 있었기 때문입니다.

무선은 말 타기, 활 쏘기, 씨름, 팔매치기를 하면서 신체를 발달시키고 무예를 익힌 셈이었습니다.

섣달 그믐날, 무선은 저녁때 부모님께 절을 올리기 위해 방으로 들어갔습니다.

평소에도 부모님께 문안 인사를 드렸지만, 이 날 어른께 절을 올리는 것은 묵은세배라 하여 지나간 1년을 무사히 보냈다는 감사와 새해를 맞는 기쁨과 희망을 가족끼리 나누는 자리이기도 했습니다.

아버지 최동순은 기뻐하며 무선에게 말했습니다.

"날이 밝으면 너도 열다섯 살이 되는구나. 이제 어른이 된 거나 다름없지. 그러고 보니 무선이도 아내를 맞을 나이가 됐는데, 안 그렇소, 부인."

"그러믄요."
어머니는 그저 무선이 대견스럽다는 듯이 미소만 지었습니다.
"규수는 이미 정해 두었으니 예만 올리면 된다. 언제가 좋을까?"
아버지는 어머니를 돌아다 보며 물었습니다.
"역시 가을이 좋겠지요."
"그럼 당신이 날짜를 정하구려."
이렇게 무선의 혼인이 결정된 셈이었습니다.
무선은 부모님의 결정에 아무런 말도 하지 않았습니다. 부모님의 결정을 따르는 게 자식 된 도리라고 생각했던 것입니다.

덕 담

어머니가 음식을 차리기 위해 밖으로 나가자 무선이 입을 열었습니다.
"아버님, 무릇 나라가 망할 때는 어떤 일들이 일어났습니까?"
"글쎄로구나. 대체로 외적의 침입이 있거나, 나라 안에 문제가 생겨 마치 종기가 살 속을 비집고 들어가 뼛속까지 썩어 무너지는 것처럼 두 가지 경우가 있겠지. 신라나 당나라는 안에서 곪아터져 망한 경우란다."
신라 말기에 이르러 흉년이 자주 들고 도둑 떼가 각지에서 일어났으며, 대신들이 세력 다툼을 벌였습니다.

홍덕왕이 세상을 떠나자 동생 균정과 조카 제융이 왕위를 다투었습니다. 그러자 김명 등이 균정을 죽이고 제융을 왕위에 모셨는데, 이 분이 바로 희강왕입니다.

그러나 다시 김명이 반란을 일으켜 희강왕을 시해하고 일 년마다 왕이 바뀌는 혼란을 겪었습니다.

"당도 마찬가지였단다. 당에서 황소의 난이 일어났을 무렵 태조 왕건께서 태어나셨느니라(877년). 바로 지금의 송도에서였지."

"그럼, 태조께서 당의 핏줄을 이어받았다는 말은 거짓이었군요."

"그것은 아마도 중국을 떠받드는 사람들이 턱없이 지어 낸 말일 거다."

새해가 밝아 왔습니다.

정월 초하룻날, 가족들은 깨끗이 목욕한 뒤 모두 새 옷으로 갈아입고 사당에서 제사를 지냈습니다. 그리고 나서 집안 어른들께 세배를 올렸습니다.

무선이 부모님께 세배를 드리고 밖으로 나오자 영팔이 싱글벙글하며 말을 건넸습니다.

"올해는 장가도 드셨고 벼슬도 하셨으니 얼마나 기쁜 일입니까?"

"뭐라고? 난 아직 장가도 들지 않고, 더더구나 벼슬도 하지 않았는데 무슨 말이야?"

"헤헤…… 이걸 바로 덕담이라고 하지요. 도련님은 아직 그것도 모르십니까?"

"참 그렇군. 아범도 올해는 몽고가 망해서 기쁘겠군."

이렇게 말하면서 두 사람은 크게 웃었습니다.

본래 덕담이란 것도 그 역사가 오래 되었습니다.

보통 덕담을 건넬 때는 이루어지지 않은 것을 이루어진 것처럼 말하고는 합니다.

한해의 첫날, 서로 처음 만난 사람끼리 덕담을 건네며 그 해 1년 동안의 복을 빌어 주는 것입니다.

정월이 지나고 2월 보름이 되었습니다. 이 날은 초파일이라 하여 집집마다 거리마다 초롱을 달고 하루 종일 즐겁게 노는 날이었습니다. 특히 이 날은 아이들의 명절이나 마찬가지였으므로 가장 좋은 옷을 입고 거리를 누비며 밤늦게까지 놀았습니다.

"도련님, 이제 가을이면 장가를 드실 테니 지금 실컷 노셔야지요."

영팔이 짓궂게 무선을 놀려 댔습니다.

신라의 팔관회에서 시작된 초파일 행사는 부처님이 태어난 날을 기념하기 위한 행사입니다.

왕건은 나라를 세우면서 신라의 불교를 그대로 이어받아 국교로 삼았습니다. 그리하여 많은 절을 새로 짓거나 크게 개축하였으며, 팔관회를 나라의 명절로 삼았습니다.

이 때 중국에서는 새로이 송나라가 일어나고 있었습니다. 고려는

송과 우호 관계를 맺으며 거란의 요에 대비하고 있었습니다.

송과 가까워지면서 팔관회가 폐지되었으나, 다시 2월 보름을 초파일로 하여 연등회가 부활되었습니다(1010년). 그리고 이 행사는 고려 말까지 죽 이어졌습니다.

이 연등회가 부활하던 해 거란이 처음으로 고려를 침략해 왔습니다. 거란이 쳐들어온 구실은, 강조가 신하로서 왕을 시해한 죄를 묻기 위해서라고 했습니다.

이리하여 거란의 성종이 40만 대군을 이끌고 압록강을 건너와 송도를 점령하자 왕은 난을 피해 남쪽 나주로 내려갔습니다. 이 때 고려군은 강조와 이현운이 나가 맞서 싸웠으나, 그만 적에게 사로잡히고 말았습니다.

성종이 강조와 이현운을 앞에 꿇어앉히고 물었습니다.

"너희들은 내 부하가 되지 않겠느냐? 항복한다면 목숨을 살려 주마."

그러자 이현운은 바로 시로써 대답했습니다.

"두 눈이 이미 새로운 해와 달을 보게 되었으니, 저의 마음이 어찌 옛 산하를 그리워하겠습니까!"

이현운은 너무도 쉽게 항복하겠다는 뜻을 밝혔습니다. 그러자 옆에서 듣고 있던 강조가

"에잇, 더러운 놈!"

하고 결박된 몸을 벌떡 일으켜 성종 앞에 꿇어 엎드린 이현운을 향해 큰소리로 외쳤습니다.

"너는 고려의 장군이 아니었더냐. 어찌 오랑캐의 신하가 되겠다는 거냐!"

이리하여 강조는 끝내 항복하지 않고 거란군에게 죽임을 당하고 말았습니다. 그 후 고려에서는 여진족과 손을 잡아 거란을 대비하는 데 더욱 힘을 썼습니다.

얼마 후 거란의 장수 소배압이 10만 대군을 이끌고 다시 침공해 왔습니다. 이번에는 고려의 강감찬 장군이 흥화진에서 통쾌하게 거란군을 무찔렀습니다(1018년).

그 뒤에도 종종 거란군이 쳐들어왔으나, 이미 그 세력이 예전 같지는 않았습니다.

이리하여 요는 새로 일어난 금에 의해 멸망하였습니다(1125년).

강남 상인

장가를 든 무선은 곧 아들을 낳았습니다. 아들의 이름은 해산이었습니다.

무선의 집에는 많은 상인들이 드나들었습니다. 상인들 중에 중국 강남에서 오는 이원이란 자가 있었습니다. 그는 1년에 한 번씩 혹은 몇 년에 한 번씩 왔는데, 무선의 집에도 여러 번 왔습니다.

영팔은 이원을 못마땅하게 생각했습니다.

"저는 그 녀석만 보면 속이 뒤틀립니다."

"왜 그러지? 그 사람이 아범에게 밥을 달라든가, 술을 달라든가?"

무선은 웃으면서 물었습니다.

"서방님, 그 녀석은 아주 도도하고 건방지답니다. 그것까지는 그 녀석 성격이라 생각하고 참을 수도 있지만, 허튼 소리를 하거든요."

"허튼 소리라니?"

"제깟 녀석이 뭘 그리 많이 안다고 그렇게 떠벌리는지, 글쎄 염초술을 안다나요?"

"염초술?"

무선은 퍼뜩 무슨 생각이라도 난 듯 깜짝 놀라며 허공을 노려보았습니다.

"서방님, 왜 그렇게 놀라십니까?"

"분명히 그가 염초술을 안다고 했나?"

"예."

"염초술!"

혼잣말로 중얼거리는 무선의 모습은 마치 넋이 나간 사람 같았습니다.

이윽고 무선이 말문을 열었습니다.

"그에게 물어 보아야 할 것이 있다."

무선은 곧장 이원을 찾아갔습니다. 이원의 나이는 쉰 살 가까이 되어 보였습니다.

무선은 그에게 절을 하며 공손히 물었습니다.

"어른께서 염초술을 알고 계시다는데, 부디 저에게 그 방법을 가르쳐 주시기 바랍니다."

"그건 누구한테 들었소?"

"제 하인 영팔입니다."

그러자 이원은 무선이 깜짝 놀랄 정도로 크게 웃었습니다.

"왜 웃으십니까?"

"그 녀석이 쓸데없는 말을 했기 때문이오."

"쓸데없는 말이라니, 염초술에 대해서 말입니까?"

무선은 이원의 눈을 똑바로 쳐다보았습니다.

이원은 돼지처럼 작은 눈에, 역시 돼지 꼬리 같은 변발을 하고 있었습니다. 뚱뚱하게 살이 찐 데다가 얼굴에 기름기마저 흐르는 이원의 모습을 보자 무선은 속이 메슥거렸으나, 꾹 참고 사정하듯 다시 말했습니다.

"염초술을 꼭 가르쳐 주십시오."

"난 그런 것을 모르오."

무선은 그의 눈을 똑바로 보면서 그가 거짓말을 하고 있다는 것을 알았습니다. 그리고 영팔의 말처럼 여간 교활한 것이 아님을 알 수 있었습니다.

'알면서도 모르는 체하는 걸 보니 쉽게 가르쳐 주지 않을 속셈이구나.'

"어떻게 되었습니까?"

무선이 돌아오자 영팔은 기다렸다는 듯이 물었습니다.

"가르쳐 주지를 않아."

"그것 보십시오. 이원은 거짓말을 하고 있는 게 틀림없어요. 그가 염초술을 알 리가 없지 않습니까?"

평소 사리에 분명한 영팔도 이원이라면 무조건 미워하고 무시하며 끝까지 자기 고집을 세우는 것이었습니다.

"아니야, 틀림없이 알고 있어. 다만 조금이라도 더 비싸게 팔아먹으려고 버티고 있는 것뿐이야. 그는 장사꾼이니까."

"흥, 서방님도 딱하십니다. 장사꾼이니까, 알고 있다면 더더욱 가르쳐 줄 게 아닙니까? 이익이 생기는 일이라면 그 녀석들은 자기 아내나 자식도 팔아먹는 놈들인데요."

"물론 충분한 대가를 준다고 했지. 그런데도 고개를 흔들더군. 내 생각으로는 그 녀석이 엄청난 대가를 요구하든가, 아니면 무엇인가 두려워하며 꺼리고 있는 것 같아."

고종 19년(1232) 12월, 원의 살리타이가 고려를 침략해 왔습니다. 살리타이는 무서운 기세로 남진하여 임진강과 한강을 차례로 건너와 처인성(동인)을 에워쌌습니다.

이 때 처인성 안 작은 암자에 송도에서 피난 온 스님 한 분이 있었습니다. 그는 매일 새벽에 일어나 부처님께 독경하고, 낮에는 열심히 활 쏘기 연습을 했습니다.

그러자 동료 스님이 그를 비웃으며 말했습니다.

"여보시오, 부처님을 모시는 우리가 활 쏘기 연습을 하다니, 도대체 될 법이나 한 일이오."

"아닙니다. 난리가 났을 때 우리 승려들도 나가 싸워야 합니다."

바로 이 스님이 살리타이를 활로 쏘아 죽임으로써 나라의 원수를 갚게 되었습니다.

대장이 죽자 몽고군은 물러갔습니다.

최우는 다시 그들의 보복이 있을 것으로 보고 강화로 도읍을 옮겼는데, 그 곳을 강도라 했습니다.

염초술

무선은 어째서 염초술에 그토록 관심을 가졌을까요?

염초는 곧 화약을 말하는데, 염초술은 그 화약을 제조하는 기술입니다.

무선은 일찍이 아버지로부터 염초에 대한 이야기를 들은 적이 있습니다.

"무선아! 원나라에는 염초라는 것이 있다더라. 무서운 힘을 가진 약으로, 바위도 날려보낼 정도로 대단하다는구나."

이 때부터 염초에 대해 관심을 가지기 시작한 무선은 아무리 생각해도 풀리지 않는 궁금증이 한 가지 있었습니다.

'어째서 몽고군은 그렇게 강한걸까? 우리 고려인도 그들 못지않게 용감하게 잘 싸웠는데, 왜 그들의 지배를 받는 것일까?'

칭기즈 칸이 죽었을 때 그 군대는 모두 12만 9천이었습니다.

이 병력을 갖고서 러시아와 폴란드, 그리고 헝가리까지 파도처럼 휩쓸었다고 한다면 좀처럼 믿어지지 않는 일일 것입니다.

그러나 당시의 유럽이나 중앙 아시아, 아랍에 이르기까지 이 기마 군단을 막아 낼 군대는 아무도 없었습니다.

칭기즈 칸에게는 주치, 차가타이, 오고타이 그리고 트루이라는 네 아들이 있었습니다.

칭기즈 칸은 막내아들 트루이에게 10만 1천의 군대를 주고 몽고 고원과 금나라 땅을 다스리게 했습니다. 따라서 고려도 이 트루이의 영향권에 속한 셈이 되었습니다.

그리고 주치, 차가타이, 오고타이에겐 각각 4천의 군대를 주며 역시 침략한 영토를 나누어 다스리게 했습니다.

즉 주치는 킵차크한국의 시조가 되었는데 지금의 모스크바, 키에프 등 러시아 땅을 다스렸습니다. 또 차가타이는 차가타이한국의 시조로 중앙 아시아 일대인 브하라, 사마르칸트, 카시가르 같은 도시를 다스렸습니다. 또 오고타이는 우랄 산맥 동쪽에 위치한 시베리아에 오고타이한국을 세웠습니다.

군대의 나머지는 칭기즈 칸의 어머니, 동생, 양자 등에게 나누어 주었습니다.

칭기즈 칸의 대를 이을 칸을 선출하기 위해 대회의가 열렸습니다. 사람들은 누구나 트루이가 칸에 선출될 것을 의심하지 않았습니다.

그러나 야율초재의 노력으로 가장 인망이 있는 오고타이가 칸으로 추대되었습니다.

야율초재는 오고타이에게 여러 가지 법령을 정하고 이를 실시하도록 건의했습니다.

예를 들어 그 때까지는 몽고의 장수가 죄를 지으면 그 가족까지 모두 죽이도록 하였는데, 이제는 함부로 죽이지 못하게 하고 반드시 심리를 거치도록 했습니다.

세금도 법을 정하여 중국인에게는 은과 비단을 바치게 했고, 몽고족에게는 훨씬 부담을 적게 하여 1년에 한 번 말이나 양 100마리당 새끼 한 마리씩만 바치게 했습니다.

오고타이는 곧 트루이와 다른 왕자들을 거느리고 금 토벌에 나섰습니다(1230년). 이 해 8월, 몽고군은 황하를 건너와 금의 수도 변경을 포위했습니다.

오고타이는 맹장 스프타이를 시켜 10만 병력이 지키고 있는 성벽 도시 변경을 공격하도록 했습니다. 금군은 몽고군에 대처하기 위해 나름대로 만반의 준비를 하고 있었습니다.

금군은 성벽 위에서 공격해 오는 몽고군에게 항아리를 던졌는데, 이 항아리는 보통 물건이 아니었습니다. 무엇이 들어 있는지 땅에 떨어져 폭발하는 소리가 굉장했으며, 말과 군사가 파편에 맞아 쓰러졌습니다.

"벼락이다!"

몽고 군사들은 벼락을 피하여 도망치느라 정신이 없었습니다. 항아리에는 다름 아닌 염초, 즉 화약이 채워져 있었던 것입니다.

스프타이는 보름 동안이나 계속해서 공격했으나 자꾸 전사자만 늘어나 일단 군대를 후퇴하기 시작했습니다.

그런데 금나라에도 불행이 닥쳐왔습니다. 성 안에 전염병이 발생한 것입니다. 지금의 콜레라나 장티푸스와 같은 것으로 거의 90만 명이나 죽었다고 합니다. 대부분이 백성들이었으나 군사도 적지 않게 병사했습니다.

이 소식을 듣고 스프타이는 가을쯤에 다시 공격해 들어갔습니다. 이렇게 변경의 성이 함락되면서 금은 멸망했습니다(1234년).

스프타이는 몽고군의 관례에 따라 성 안에 남은 주민 140만을 학살하려 했으나, 야율초재의 충고로 오고타이는 이를 허락하지 않았습니다.

무선은 이원을 찾아가 다시 한 번 간청했습니다.
"부디 염초술을 가르쳐 주십시오."
이원은 여전히 도도하게 굴었으나, 마침내 이렇게 말하는 것이었습니다.
"이것은 원나라의 큰 비밀이오. 함부로 입을 놀렸다가는 내 목이 달아나요."
"그렇지만……."
무선이 몹시 실망하는 빛을 보이자, 이원은 큰 생색이나 내듯 목소리를 낮추어 말했습니다.
"그렇지만, 방법이 아주 없는 것도 아니지요."
"어떻게 해야 합니까?"
무선은 이원을 노려보며 물었습니다.
눈을 가늘게 뜨고 있는 이원의 모습은 주먹으로 쥐어박고 싶도록 얄미운 몹시 간사한 얼굴이었습니다.
"그렇게 무서운 눈으로 노려보지 마시오. 나도 목숨을 걸고서 가르쳐 드리려는 건데……."
"어서 말해 보시오."
"먼저 황금 50냥과 인삼 50뿌리를 구할 수 있소?"

정말 엄청난 요구였습니다. 그러나 무선은 염초술만 알 수 있다면 그 정도는 충분히 보상해 줄 수 있다고 생각했습니다.

"좋아요, 어서 말이나 해 보시오."

"서방님께서는 스프타이가 변경을 함락시켰을 때 성 안에 남은 주민들을 몰살시키려 했다는 것을 알고 계시겠지요?"

"알고 있지요."

"그 때 야율초재의 충고로 오고타이는 학살을 중지시켰소. 그건 참으로 잘한 일이지요."

이원은 잠시 말을 끊으며 입맛을 다셨습니다. 무선의 애만 타게 하려는 수작인 것입니다. 이원은 입술을 핥으면서 다시 말을 이었습니다.

"왜냐하면 화창을 얻었기 때문이오. 화창은 벼락과 더불어 몽고군이 가장 두려워하던 무기였으니까요."

"화창?"

"그렇소."

이원은 무선의 놀란 얼굴을 빤히 쳐다보며 마치 그럴 줄 알았다는 듯이 야릇한 표정을 지었습니다.

무선은 몹시 흥분하여 거의 외치다시피 되물었습니다.

"그 화창이 염초와 관계가 있단 말이지요?"

"그렇다고 하지 않았소?"

"당신이 요구한 것을 다 들어 줄 테니 어서 말해 보시오."

그러나 이원은 역시 교활했습니다. 무선의 마음을 훤히 들여다보듯이 알고 있었습니다.

"헤헤…… 서방님도 성미가 급하시군요. 황금과 인삼을 요구한 것은 그것을 제가 갖겠다는 것이 아니오."

"그럼 누구에게 주겠다는 거요?"

"실은 전에도 말했지만, 난 염초술에 대해 모르오. 다만 염초술을 알고 있는 장인(기술자)을 알 뿐이오. 만일 서방님께서 황금과 인삼을 구해 주신다면, 제가 그것을 가지고 돌아가 장인에게 주고 내년에 제조 방법을 적은 종이를 가지고 돌아오겠소."

'이놈이 나를 속이려는 수작이 아닌가?'

무선은 그렇게 생각하면서도 한번 해 볼 만한 모험이라고 생각했습니다.

"좋소! 약속은 꼭 지키겠지요?"

"물론이지요. 역시 서방님다운 현명한 생각이오. 하하하……."

이원은 소리내어 크게 웃으며 말했습니다.

제2부
발명에의 길

고려의 항전

무선과 영팔은 한동안 말없이 걸었습니다. 승천포에 강남에서 온 장삿배가 닿았다는 소식을 듣고 지금 이렇게 걸음을 옮기고 있는 중입니다. 무선은 겉으로 내색은 하지 않았으나 몹시 가슴이 뛰고 있었습니다.

'이원이 약속대로 화창의 제조 방법을 알아 가지고 왔을까?'

이런 무선의 생각에는 무관심한 듯 영팔이 말했습니다.

"여기가 동강이랍니다."

무선도 그런 것쯤은 알고 있다는 듯 고개를 끄덕였습니다.

"보십시오! 제가 송도에 처음 왔을 때만 해도 이 곳까지 조수가 드나들어 웬만한 장삿배라면 여기까지 거슬러 올라와 닻을 내리곤 했었지요. 그런데 지금은 어떻습니까? 흙모래가 상류에서 마구 흘러 내려와 물이 얕아지고 큰 배가 들어오지를 못하지 않습니까? 저는 이런 게 세상의 말세가 아닐까 생각한답니다."

무선은 다시 고개를 끄덕였습니다.

나라가 망할 때는 여러 가지 조짐이 나타나게 마련인데, 그 중 가장 두드러지는 것 중의 하나가 왕의 위신이 떨어지는 일입니다.

법이 문란해지고 백성들은 이를 지키지 않게 됩니다. 이를테면

동강이 포구로 변하여 쓸모 없게 된 까닭은 법을 어기고 산의 나무를 마구 베었기 때문입니다.

"아범 말이 옳아. 그러니 나도 승천포까지 가고 있지 않은가!"

무선은 밝게 웃으며 분위기를 바꾸어 말했습니다.

"그보다 우리 슬슬 걸어가면서 얘기나 해 보세. 그러는 편이 힘도 덜 들겠지."

"그것도 그렇겠군요."

"나는 요즘 들어 나라가 몽고와 맞서 가며 버티어 낸 힘이 대체 어디서 비롯된 것일까 하는 생각이 드네."

"그야 끝까지 싸워 나라를 지키겠다는 고려인의 꿋꿋한 의지에서 나온 것이겠지요."

금이 멸망하기 전 트루이가 마흔 살의 나이로 세상을 떠났습니다. 트루이는 칭기즈 칸이 가장 사랑하고 아꼈던 아들로서 몽가, 쿠빌라이, 후라가, 아릭보가와 같은 네 아들을 두었습니다.

오고타이는 수도인 카라코룸으로 돌아가 부족장 회의를 소집했습니다. 이 때의 회의 목적은 칸의 선출과, 남송과 고려를 공격하기 위한 중요 안건을 결정하기 위한 것이었습니다.

이 무렵 고려에서는 몽고군 편에 선 서경(평양) 사람 필현보, 홍복원의 무리가 반란을 일으켰습니다. 최우는 군사를 보내어 서경을 쳤고, 필현보를 잡아 목을 베었으나 홍복원은 몽고로 달아났습니다.

이윽고 몽고군은 두 갈래 길로 침략해 왔습니다. 동진병(동부 여진족)을 앞세운 일대는 함경도 안변에 이르렀고, 한 달 후에 압록강을 건너온 일대는 용강, 함종, 삼등을 점령했습니다(1235년).

이듬해 몽고군은 서북계 각지를 점령하고 고려군 또한 죽주(죽산), 온수(온양) 등지에서 적을 격파하는 실적을 올렸으나 몽고군은 다시 전라도 전주, 고부까지 침략의 손길을 뻗쳤습니다.

최우는 강도의 수비를 단단히 했고, 도하 지점으로 갑곶이 염려되어 외성을 쌓았습니다. 그러자 몽고군은 경상도로 침입하여 동경(경주)에 있는 황룡사를 불질러 태워 버렸습니다(1238년).

"고려인의 단결력, 끈질긴 저항 정신 그리고 전략적인 지리 조건도 한몫 한 셈이지."

"지리 조건이라구요?"

"강화는 남북의 길이가 100리 남짓 되고 동서는 겨우 50리밖에 안 되는 섬이지. 북쪽으로 우리가 지금부터 가려는 풍덕의 승천포와는 갯벌을 사이에 두고 있을 뿐이지만, 섬 쪽 강 언덕은 모두 절벽으로 되어 있지. 게다가 절벽 아래로는 전부 수렁이라서 배를 댈 곳이 없고, 오로지 승천포 맞은편 한 곳에만 배를 댈 만했네. 그러나 밀물 때가 아니면 배를 부릴 수가 없고, 물 속에는 암초가 있어 숙련된 사공이라도 가까이 가기를 꺼렸지. 이 곳은 폭은 좁지만 물살이 빠르기 때문에 바다를 처음 구경하는 몽고군들은 감히 얼씬도 못 했지. 그래도 최우는 매사에 빈틈없이 준비하기 위해 외성을 쌓았던 것일세."

"그랬었군요."

무선을 바라보는 영팔의 눈에는 '젊은 서방님이 어느 틈에 지리까지 익히고 병법을 말하는 것일까!' 하는 놀라움이 깃들여 있었습니다.

고려는 항전만 계속했던 것은 아닙니다. 몽고군 철수를 조건으로 왕족 하나를 왕자라 속이고 몽고에 볼모로 보냈습니다. 이리하여 몽고군은 일단 물러갔습니다.

한편, 몽고의 칸들은 대부분 일찍 죽었는데, 그것은 그들의 절제 없는 생활과 대책 없이 마시는 술 때문이었습니다.

야율초재는 이것을 염려하여 청동으로 만든 술 항아리를 오고타이에게 보이면서 아뢰었습니다.

"칸이시여, 청동으로 만든 이 술 항아리를 보십시오. 누룩이 들어가는 음식은 이렇듯 쇠붙이마저 썩게 하는 무서운 힘을 가졌습니다. 하물며 사람의 창자야 말할 필요가 있겠습니까?"

그것을 보고 깜짝 놀란 오고타이는 술을 끊을 것을 맹세했으나, 며칠도 채 못 가서 다시 폭음하기 시작했습니다.

오고타이가 죽자(1241년), 황후인 투라키나가 섭정이 되었습니다. 몽고는 모계 사회로서 황후의 힘이 컸습니다.

투라키나는 4년 동안이나 대회의를 미루었습니다.

오고타이는 손자인 시라문이나 트루이의 아들 몽가를 칸으로 뽑으라는 유언을 남겼는데, 황후는 남편의 유언을 어기고 장남 쿠육을 칸으로 세울 속셈이었습니다. 그러나 둘째 아들인 바투이는 쿠육을 칸으로 추대하는 것에 반대했습니다.

투라키나는 바투이가 자기 영지인 킵차크한국에 가 있는 사이에 대회의를 소집하여 쿠육을 칸으로 추대했습니다(1246년).

뒤늦게 이 사실을 안 바투이는 군사를 이끌고 달려왔으나, 중간에 쿠육이 죽었다는 소식을 듣게 되었습니다. 관례대로 쿠육의 황후 오굴가이민이 섭정이 되었습니다.

오굴가이민은 대회의를 열어 시라문을 칸으로 세우려 했습니다. 이 때 다시 바투이가 달려와서 오굴가이민 황후와 시라문을 체포하여 처형하였습니다. 그리하여 몽가가 새로이 칸이 되었습니다(1251년).

"그 무렵 고려에서는 최우가 죽고 최항이 실권을 잡고 있었지. 몽고는 강화 조약을 구실로 해마다 사신을 보내어 고려 왕의 몽고 입조를 재촉했다네. 그러나 그 때마다 최항은 핑계를 대며 그들의 요구를 묵살했어."

"몽고가 가만히 있지 않았겠네요?"

영팔의 물음에 무선은 고개를 크게 끄덕이며 말했습니다.

"그들은 다시 침공을 해 왔지. 춘주(춘천)를 함락시키고 전주까지 침입하더니 충주와 상주의 산성을 포위하기도 했었시(1254년). 그리고 승천포까지 새까맣게 몰려와 잔뜩 겁을 주었어. 또 이듬해에는 갑곶 건너편에도 나타났었지. 그러나 고려군도 용감히 싸웠다네. 먼저 충주에서 적을 무찔렀고 온수에서도 적을 크게 이겼지(1256년)."

그러나 고려도 더 이상 버티기 힘들었습니다. 몽고군은 죄 없는 고려 백성 20여만 명을 잡아갔습니다.

더욱이 강도에선 최항이 죽고 심신이 약한 아들 최의가 뒤를 이었습니다.

몽고가 화주(영흥)에 쌍성총관부를 두면서 고려에 대한 타격이 커졌습니다(1258년).

몽고와 화평할 것을 결심한 최의는 강도의 외성을 파괴하고, 섬에 들어가 있는 벼슬아치들에게 영을 내려 백성들을 이끌고 뭍으로 나가 농사를 짓게 했습니다.

그러자 이에 불만을 품은 김인준, 유경 등이 야별초를 이끌고 와 최의를 죽였습니다. 그러나 화친은 불가피한 것이었으므로 결국 태자를 몽고로 보내기에 이르렀습니다(1261년).

한편, 몽고에서는 쿠빌라이가 점점 세력을 키워 나갔습니다. 쿠빌라이는 운남, 페르시아 쪽의 전투에 참가했고, 몽가가 죽자 그 뒤를 이어 칸이 되었습니다.

그는 고려 태자를 만나자 다음과 같은 국서를 써 주었습니다.

하늘 아래, 아직도 우리에게 무릎 꿇지 않은 것은 오직 너희 나라와 송뿐이니라. 송이 믿는 것은 장강뿐인데, 이제 그 멸망도 멀지 않았도다. 다만 그대는 고려의 왕으로서 마땅히 나라에 돌아가기 바라노라. 가서 병기를 농기로 바꾸고, 원수를 은혜로 베풀며 백성을 보살펴라.

이것은 고려에 대한 몽고의 특별 대우였습니다. 어쩌면 같은 기마 민족으로서, 그리고 끝까지 항전한 고려의 기백을 높이 사서 이런 결정을 내린 것 같습니다.

태자(원종)는 해결할 문제가 많았습니다. 끝까지 몽고와 싸우자는 주전파가 아직도 많이 있었으며, 또 새로운 골칫거리가 있었습니다. 왜인들이 남해안 일대에 출몰하기 시작했던 것입니다.

원종은 쿠빌라이가 있는 연경을 자주 드나들었습니다. 그리고 쿠빌라이로부터 왜국과의 교섭을 위임받았습니다.

이런 왕의 행동을 못마땅하게 여기고 배중손 등이 주동이 되어 삼별초의 난을 일으켰습니다.

조정에서는 김방경을 토벌 사령관으로 임명하여 삼별초를 평정하였습니다(1273년).

배에 대한 관심

"이제 승천포까지도 얼마 남지 않았군요."
줄곧 무선의 말을 듣고 있던 영팔이 불쑥 말했습니다.
"그래, 저기 고개만 넘으면 승천포가 보이겠군. 땀도 식힐 겸 고갯마루에서 쉬었다 가자."
"예, 그렇게 하시지요."
고갯마루에 올라서자 장삿배 몇 척이 정박해 있는 포구가 한눈에 보였습니다. 두 사람은 적당한 그늘을 찾아 나무 아래 앉았습니다. 잠시 후 무선이 다시 말을 꺼냈습니다.
"이것은 어렸을 때 할아버지께 들은 이야기인데, 원나라에 갔던 태자가 몽고 여자를 아내로 맞고 호복에 변발까지 하고 송도에 돌아오자 사람들이 모두 울었다더군."
"그게 언제 일이었나요?"
"처음으로 삼별초가 난을 일으키던 해, 몽고가 서경에 동녕부를 두고 자비령 이북을 자기네 땅으로 만들었을 때라고 하더군(1270년). 그리고 그 이듬해에 쿠빌라이가 그 때까지 몽고라 불리던 나라 이름을 원이라고 바꾸었을 때라지, 아마."
"그렇다면 고려가 멸망한 것이 아니라 몽고가 멸망한 셈이었군요."
"어째서 그런가?"

"생각해 보세요. 몽고는 자기네 풍습을 버리고 나라 이름마저 한문식으로 바꾸지 않았습니까요."

영팔의 말에도 일리가 있었습니다.

쿠빌라이는 칭기즈 칸을 중국식 호칭인 태조라 했으며, 자기는 세조라 불렀던 것입니다. 그리고 야율초재가 이미 세상을 떠난 뒤라 중국인인 요추가 쿠빌라이의 최고 고문이 되었습니다.

승천포에 도착한 무선은 그 곳에서 이원을 만났습니다. 그리고는 가지고 온 인삼을 내놓자 이원의 입이 금방 헤벌쭉 벌어졌습니다.

"서방님, 이렇게까지 하시지 않아도 되는데……."

이원은 입으로는 그렇게 말하면서도 벌써 눈빛이 달라져 있었습니다.

"뭐, 작은 성의에 지나지 않소. 그런데 부탁 드린 화창에 대한 처방은 알아 오셨소?"

"여부가 있겠습니까! 저희들 장사꾼은 신용이 제일이옵지요. 우선 배에 오르시어 배 구경이나 하시지요."

무선은 배를 무척 좋아합니다. 아니, 배에 대해 남다른 관심이 있었습니다.

고려는 일찍이 배 만드는 기술이 다른 나라들보다 월등히 앞서 있었습니다. 일찍부터 조운 제도가 있어 큰 배를 만든 경험이 많이 있었던 것입니다.

쿠빌라이는 몽고의 사자가 왜국에서 살해된 사건이 있은 후로 왜국 원정을 계획했습니다. 그래서 고려에 전함 건조를 부탁해 오기도 했습니다.

고려와 몽고 연합군의 왜국 원정은 1274년과 1281년 두 차례에 걸쳐 감행되었지만, 태풍을 만나 실패하고 말았습니다.

무선은 배를 처음 본 것은 아니지만 고려의 배와 몹시 다르다고 생각했습니다.

배 중앙에 밑바닥부터 쌓아 올린 짐은 뱃전까지 채우고도 모자라는지, 뱃전 위로도 어른 한 사람 키만큼의 높이로 쌓아 올렸습니다.

'욕심이 많아서 이렇게 짐을 많이 싣는 것일까?'

무선이 이런 생각을 하고 있을 때 뱃전에 걸쳐진 사다리를 먼저 오르던 이원이 뒤돌아보며 무선에게 물었습니다.

"무엇을 그리 열심히 보고 계십니까?"

"이런 배로 어떻게 바다를 건너왔는지 신기하다는 생각이 들어서 말이오."

그러자 이원이 크게 웃으며 말했습니다.

"등조우(산둥 반도)에서 장산곶까지는 그리 멀지 않답니다. 왜 이런 말도 있지 않습니까, 달이 밝고 바람이 없는 날에는 대륙의 개 짖는 소리가 들린다고요."

"그렇지만……."

"하하하…… 짐을 너무 많이 실어서 그렇다는 말씀이로군요. 그러나 우리는 장사꾼이니 짐이야 많이 실을수록 이익이 많지요."

무선은 이원을 따라 선실로 들어갔습니다.

이원은 선실로 들어가자 차부터 대접하였습니다. 그리고는 문득 생각난 듯이 말을 꺼냈습니다.

"이제 보니 서방님께서도 변발을 자르셨군요. 지금 원나라에서도 야단들입니다만."

느긋하게 의자에 앉아 차를 마시는 이원에게 대뜸 화창 처방에 관한 이야기를 꺼내기가 뭣해 무선은 그의 수다스런 입놀림을 지켜 보았습니다.

"본래 저의 고향은 강남의 호주입지요. 우리끼리 말이지만, 그 동안 강남인은 몽고인들로부터 만쓰라고 불리며 갖은 수모를 다 겪었죠."

"그래서 장사꾼으로 나섰다는 말이군요?"

"그렇지요. 호주는 붓의 명산지입니다. 사실은 저희 집도 대대로 붓을 만들고 있었는데 몽고에서 깃털붓인가 하는 게 들어오면서 그만 망해 버렸지요. 따라서 몽고인은 저희 집안의 원수입니다. 그런 데다 남송이 망한 것도 그들의 포 때문이니 이중의 원수인 셈이지요."

"포라구요?"

무선은 자기도 모르게 되물었습니다. 아마 이 때 영팔이 곁에 있었다면

'서방님, 이원의 허풍이니 조심하세요!'

라고 말했을 것입니다.

"그렇습니다. 그 말은 저의 아버님한테서 직접 들은 것이지요."

이원의 말에 의하면 남송이 마지막 저항을 할 때 쿠빌라이는 포를 사용했다고 합니다.

쿠빌라이의 부하로 위그르족 출신인 말리해야란 자가 있었습니다.

"칸이시여, 어째서 서역의 포장(포 기술자)을 불러 쓰시지 않습니까? 포를 쓰게 되면 아무리 무거운 것도 멀리 날려 버릴 수 있습니다."

쿠빌라이는 페르시아의 왕인 아바카에게 포 기술자를 구해 보내라고 명령했습니다.

이리하여 페르시아에서 온 알라우딘과 이즈마일이라는 포 기술자가 대포를 만들었는데, 150근이나 되는 무게의 돌을 날려보냈으며 그것이 성벽에 맞자 천둥 같은 소리를 내며 깊은 구멍이 뚫렸습니다.

비밀의 처방

"그건 그렇다치고 깃털붓은 또 무엇이오?"

무선은 꽤나 심각한 말투로 물었습니다. 이원은 말없이 옥돌 상자에서 백조의 깃털 하나를 꺼내어 무선에게 보여 주었습니다.

"어떻습니까? 가볍지요! 그 끝을 보십시오. 쇠붙이가 달려 있지요. 색목인들은 이 깃털붓으로 글씨를 씁니다."

깃털붓이란 바로 깃털펜이었습니다.

무선은 깃털붓을 손에 잡아 보며 혼자 중얼거렸습니다.

"너무 가벼운 것 같군."

"가벼운 것도 그렇지만, 도무지 붓을 잡았다는 실감도 안 나지 않습니까?"

"하긴, 그렇군요."

"그런데 이렇게 가벼운 깃털붓이 우리 집을 망하게 한 셈이었지요. 그리고 세상 사람들의 인심도 야박한 게 붓이 가볍든 가늘든 지렁이가 기어다니는 것 같은 글씨를 쓰는 데는 이 깃털붓이 예전의 붓보다 낫다는 겁니다. 그래서 통 붓이 팔리지 않게 되었지요."

그러나 깃털펜으로도 얼마든지 한자를 쓸 수 있습니다. 사실 중국인 중에서도 약삭빠른 상인은 가는 붓보다도 오히려 깃털펜을 즐겨 썼습니다.

이원의 이야기는 지루하고 끝이 없었습니다.

"제가 태어났을 때 저의 아버지는 늘 우울한 얼굴이었습니다. 본디 선비 집안에서 태어난 아버지는 필장(붓을 매는 장인) 노릇을 하고 있었지만 과거를 보려는 꿈이 있었지요. 그러나 몽고가 들어와서 과거 제도가 없어지자 아버지의 꿈은 좌절되고 말았답니다."

고려에서도 사정은 비슷했으나 충렬왕 말기에 옛 관제를 다시 회복시킬 수 있었습니다(1299년). 과거 시험관인 지공거를 부활시켰던 것입니다.

그리고 고려의 풍속도 옛날처럼 많이 복구가 되었고, 송도 5부의 민가를 모두 기와로 덮게 했습니다. 이 무렵 충렬왕이 세상을 떠나고 충선왕이 그 뒤를 이었습니다(1308년).

"그러던 어느 날 서역 여자가 우리 집에 찾아왔어요. 그 때 일곱 살이었던 나는 그 날의 광경을 똑똑히 기억하고 있지요."

이원은 또 잠시 말을 끊었습니다.

무선은 대체 그가 무엇을 말하려는 것인지 이해가 되지 않았습니다. 그렇지만 끝까지 참을성 있게 귀를 기울였습니다.

"서역 여자는…… 참, 여자의 이름은 포랑이었어요. 검은 천을 푹 뒤집어쓰고 있어 나이도 얼굴도 알 수 없었지만 눈알이 파란 유리 구슬 같아 색목인이라는 것을 알 수 있었지요. 그 여자는 우리 말을 잘 했어요. 포랑은 종이에다가 깃털붓으로 파스파 문자를 써 보였습니다. 그리고는 이렇게 말하더군요. '어떠세요. 좀 이상하다고 생각되지 않으세요? 글자가 빈약하고 힘이 없다고 생각하시겠지요? 사실 그렇답니다. 깃털붓으로는 아무리 잘 써도 소용없어요. 그래서 붓을 사용해 왔지요. 그렇지만 그것도 잘 되지를 않습니다. 파스파 문자가 위엄 있게 보이려면 글자 획의 굵기가 일정해야 하는데, 보통 붓으로는 그렇게 쓸 수가 없어요. 그런데 당신은 필장이십니다. 당신이라면 새로운 붓을 발명할 수 있을 거예요. 그래서 제가 찾아왔지요. 이것은 황제의 명령이기도 합니다' 라고 말입니다."

이원의 아버지는 재래의 붓이 아닌 새로운 붓 제작을 주문받은 것입니다. 이원의 말에 의하면, 그의 아버지는 이 부탁을 받자 마치 신들린 듯 새 붓 제작에 힘을 기울였다고 합니다.

"아버지가 그 일을 맡으면서 집안 형편도 좋아졌습니다. 나도 숭문감이나 장작원에 드나들며 많은 사람들을 알게 되었고 돈도 벌었습니다. 장사 밑천을 만들었지요."

파스파 문자는 쓰는 데 시간이 많이 걸립니다. 글씨체가 직선이나 직각으로 되어 있어 도저히 빨리 쓸 수가 없기 때문입니다.

송나라 때 예문감이라 불렸던 관청인 숭문감에서는 중국의 고전뿐 아니라 아랍 서적에 이르기까지 많은 책들이 파스파 문자로 번역되었습니다. 따라서 그 곳에는 수많은 필사생(베껴 쓰는 사람)이 고용되어 있었습니다.

"아버지로서는 새 붓을 만들어 내기 위해 뼈를 깎는 것만 같은 연구와 노력이 필요했겠지요. 붓털의 재료로는 토끼, 늑대, 여우, 양, 개, 족제비, 너구리, 닭, 사슴, 돼지는 물론이고 인간의 머리털까지도 쓰지요. 아버지는 결국 해냈답니다. 파스파 문자 필기용으로 가장 적당한 붓을 발명했지요. 그 붓은 촉이 짧고 끝이 부드러운데, 촉뿌리부터 끝까지 여느 붓보다 훨씬 빳빳하게 만든 것이었지요."

말을 끝낸 이원은 눈을 감았습니다. 무선은 바짝 긴장하여 그의 다음 말을 기다렸습니다.

"서방님!"

이원은 마침내 상자 속에서 붓을 하나 꺼내 주며 엄숙한 목소리로 말했습니다.

"이것이 아버지께서 만들었던 그 파스파 문자용 붓입니다. 아버지는 금년 봄에 돌아가셨습니다. 나도 이제는 다시 고려에 오는 일이 없겠지요. 이 붓은 서방님께 드리는 저의 마지막 선물입니다."

"선물?"

이원이 별안간 목소리를 낮추며 말했습니다.

"화창의 처방은 그 붓대 속에 숨겨져 있습니다. 이 자리에서 꺼내 보시렵니까? 그러나 저를 믿으신다면 집에 가서 몰래 꺼내 보도록 하십시오. 아무튼 비밀스런 것이니까요."

무선은 이원의 눈을 똑바로 쳐다보았습니다. 진지한 눈빛이었습니다. 무선은 고개를 천천히 끄덕이며 말했습니다.

"당신을 믿도록 하지요."

무선이 배에서 내려오자 영팔은 몹시 지루한 표정으로 기다리고 있다가 물었습니다.

"어떻게 되셨습니까?"

"그것보다 배 구경이나 하자."

"배는 이미 보셨지 않습니까?"

무선은 그 말에 대꾸도 하지 않고 배의 겉모습을 올려다보았습니다. 뱃전이 높은 게 배 밑부터 뱃전까지 적어도 다섯 길은 넘을 것 같습니다.

"역시 높아."

"뭐가 말입니까?"

영팔은 시큰둥한 목소리로 물었습니다.

"뱃전 말이다. 역시 바다를 건너자면 뱃전이 저만큼은 높아야 하겠구나."

"그거야 당연하지요."

무선은 배의 뒤쪽으로 가 보았습니다. 거기에는 엄청나게 큰 키가 달려 있었습니다.

"으음!"

"뭘 보고 그리 감탄하시는 겁니까?"

"키가 정말 크다고 생각되지 않는가?"

"그야 그렇지만, 별것에 다 감탄하고 계시군요."

무선은 잠시 아무 말도 하지 않고 하늘을 보더니 이윽고 말했습니다.

"그만 돌아가자. 지금부터 서둘러도 날이 저물기 전에는 송도에 도착하지 못하겠다."

굳은 결심

무선과 영팔의 걸음이 점점 빨라졌습니다. 송도의 성문이 닫히기 전에 돌아갈 생각이었기 때문입니다.

잠시 후 무선이 입을 열었습니다.

"아범도 소문을 들어 알고는 있겠지? 재작년에 처음으로 왜구가 경상도 고성과 거제에 나타나(1350년) 노략질을 한 일 말이야."

"왜구라면 왜국의 해적 말입니까?"

"그래. 그 때 왜구 300여 명의 목을 베었건만 그들은 다시 4월에 전라도 순천을 습격하여 조선(송도로 쌀을 실어 나르는 배)을 약탈했지. 어디 그뿐인 줄 아느냐! 6월에는 합포(마산)에 침입했고 진도에도 나타나 조정에서는 할 수 없이 관아를 산 속 깊이 옮기도록 했지."

"저런 죽일 놈들 같으니라구."

"섬나라 인간들이 먹을 것이 없어 노략질을 하는 것까지는 이해할 수 있겠다마는……, 그들은 굶주린 승냥이들처럼 집을 불지르고 죄 없는 늙은이나 어린아이 할 것 없이 마구 죽였다 하니 치가 떨리는구나."

무선은 말을 하면서 점점 흥분되는지 주먹을 불끈 쥐었습니다. 그리고 입술을 깨물며 눈앞에 펼쳐진 갯벌을 노려보았습니다.

지난해 12월 충정왕이 물러나고(1351년), 원나라에 볼모로 가

있던 왕자가 돌아와 왕위에 올랐습니다. 이 분이 바로 공민왕으로, 원나라의 노국 공주와 혼인하기는 했지만 고려를 독립된 나라로 만들겠다는 결심만큼은 확고했습니다.

원은 애당초 고려인이 병기를 갖는 것을 금했으나, 이 금지령이 풀리면서(1337년) 무기 소지가 허락되었고 말도 탈 수 있게 되었습니다. 무선이 말 타기를 배운 것이 이 무렵이었습니다.

또 순제는 대청도에 와 있을 때 사귄 고려 여자를 황후로 삼았는데, 바로 기황후였습니다(1340년). 그리고 이듬해 충혜왕의 동생인 강릉대군 기(공민왕)가 볼모가 되어 연경으로 갔던 것입니다.

충혜왕이 승하하자 원나라에 볼모로 가 있던 태자인 근이 돌아와 충목왕이 되었습니다(1344년). 충목왕 역시 강직한 왕으로, 자기 누이가 원나라 황후라는 권세를 믿고 못된 짓을 하는 기철을 잡아 들여 처형시켰으나 원나라에서는 이 사실을 묵살해 버렸습니다.

충목왕이 승하하자 충혜왕의 서자가 왕위에 올랐는데 이 분이 충정왕입니다(1348년). 그러나 충정왕은 곧 폐위되고 공민왕이 돌아왔던 것입니다(1350년).

공민왕은 왕위에 오르자(1351년) 몽고 풍습인 변발을 폐지하고 그 밖에도 과감한 정치 개혁을 시작했습니다.

"아범, 백성들은 모처럼 어진 임금을 맞아 모두들 기뻐하고 희망에 부풀어 있었는데, 왜구는 송도 바로 앞 교동 섬에까지 나타나 온갖 노략질을 했어. 그 때부터 나는 무슨 수가 있더라도 염초술을 배워서 왜구를 무찌르겠다는 결심을 한 것이야."

영팔은 고개가 점점 숙여졌습니다. 그런 무선의 깊은 생각도 모르고 자신은 공연히 이원에 대해 트집만 잡았으니 부끄럽기 짝이 없었습니다.

"아범, 내가 승천포에서 강남 장삿배의 뱃전 높이나 키의 크기를 살펴본 것도 다 생각이 있었기 때문이야."

"이제야 서방님의 뜻을 알겠습니다."

"큰 바다를 건너려면 반드시 뱃전이 높아야만 해. 전라도와 충청도의 바다를 끼고 올라오는 왜구의 배도 바다를 건너오는 거리만큼 뱃전이 높을 게 틀림없어. 뱃전이 높은 배를 공격할 때 우리의 입장이 유리한가 불리한가 그 점을 문득 생각했다네."

"역시 서방님은!"

"다음은 키의 크기야. 먼저 나는 키가 어째서 그렇듯 큰가 생각해 보았지. 돛배는 바람을 업고서 달리기 마련인데, 언제나 바람의 세기가 똑같을 수는 없잖아. 맞바람이 불 때는 비스듬히 오른쪽으로 나갔다가 다시 비스듬히 왼쪽으로 나가야 하는데, 그럴 때 돛은 비스듬하게 하여 바람을 받게 하고 키는 잔뜩 비틀어서 나가야만 돼."

"그래서 키가 커야 된단 말이군요."

"그런데 키가 크면 얕은 강물에는 올라오지 못해. 동강이 포구로서 쓸모 없게 된 것도 그 때문이지."

무선 앞에 선 영팔은 저절로 고개가 숙여졌습니다. 또 무선이 한없이 자랑스럽게 여겨졌습니다.

무선은 조금도 잘난 체하지 않고 담담하게 말했습니다.

"나는 아직 왜구의 배를 보지는 못했지만, 만일 강남의 장삿배와 같은 구조라면 그것을 쉽게 깨뜨리는 방법도 생각해 보았어. 강남 배는 갑판이 없고 가운데가 텅 비어 있어. 만일 옆구리에 구멍이 뚫린다면 그 배는 더 이상 항해를 할 수가 없겠지. 유난히 큰 키도 약점이긴 마찬가지야."

무선의 생각은 과학적으로도 이치에 들어맞았습니다.

"물론 아직은 생각일 뿐이야. 그런데 한 가지 부탁이 있네."

"말씀하십시오, 서방님의 분부라면 얼마든지……."

"뭐, 어려운 일은 아니야. 교동에서 왜구와 싸운 사람을 찾아내어 왜구의 배가 어떻게 생겼으며, 그들이 어떤 무기를 쓰고 있었는지 알아봐 주게."

"예, 알았습니다."

쇠의 연구

무선은 이원이 준 붓대를 깨뜨려 보았습니다. 그 속에는 실처럼 꼰 종이가 숨겨져 있었습니다.

'역시 이원은 거짓말을 하지 않았구나!'

무선은 조심스럽게 종이 심지를 뽑아 펴 보았습니다. 거기에는 깨알처럼 작은 글자가 씌어 있었습니다.

〈화창 비법〉

먼저 누런 종이를 정확하게 16겹으로 접어 길이 2자 남짓 되는 통을 만든다. 그리고 버드나무 숯, 쇠 찌꺼기, 자석 가루, 유황, 비상 따위를 채우고 창 끝에 새끼줄로 붙들어 맨다.

군사들은 전쟁터로 나갈 때 작은 무쇠 그릇에 불씨를 갖고서 출전한다. 이것에 불을 붙이면 염초가 타면서 불길이 10자나 뻗쳐 몽고병이 모두 두려워했다.

"이것이 바로 화창이었구나!"

무선은 잘 이해되지 않는 부분이 몇 군데 있었으나, 염초술이 무엇인지는 대강 짐작이 갔습니다.

"바로 이 화창으로 남송의 군사들이 몽고군을 괴롭혔구나!"

그러나 화창의 원리를 잘 읽어 보면, 그것이 어떤 폭발력을 가진 것은 아니었습니다. 창 끝에서 내뿜은 불길이 기름에 절인 갑옷(이런 갑옷은 화살을 막아 낸다)에 튀면 쉽게 끄지를 못하고 불타 죽었던 것입니다.

무선은 염초의 성분을 안 것만 해도 큰 행운이었습니다.

그는 한문으로 씌어 있는 화창의 비법을 읽고 또 읽으며 영팔과 이마를 맞대고 의논했습니다.

"염초는 버드나무 숯, 쇠 찌꺼기, 자석 가루, 유황, 비상 따위를 섞어 만든다. 버드나무 숯은 숯가루를 말하는 거겠지? 꼭 버드나무가 아니라도 숯가루면 아무거나 괜찮을 거야."

"그렇군요. 그런데 도대체 이건 뭐죠?"

"뭐 말인가?"

"이 자석 가루라는 거 말입니다."

"글쎄……."

사실 무선도 그게 무엇인지 도무지 알 수가 없었습니다.

"어쨌든 다른 재료부터 모아 보자. 그러다 보면 자연히 알게 되겠지."

"그리고 또 있어요."

"또 뭐가 문제란 말인가?"

"누런 종이란 쉽게 찢어지지 않는 기름종이를 가리키는 것 같은데, 그것을 16겹이나 접어서 불통을 만들었다는 게 좀 이상하지 않습니까?"

과연 날카로운 지적이었습니다. 이 문제를 푸는 데만도 몇 달이나 걸렸습니다.

그러던 어느 날 무선이 문득 이런 말을 했습니다.

"염초의 재료를 보면 모두 가루로 되어 있다. 왜냐하면 재료들이 골고루 섞이기 쉽도록 하기 위해서 가루로 만들 필요가 있었던 거야."

"과연 그렇군요."

"그러니 누런 기름 종이를 16겹이나 접어서 불통을 만들었다는 것은, 이러한 가루들을 채워 넣고 다지기 위해 좀더 튼튼한 것이 필요했기 때문이 아닐까?"

"맞아요, 그게 틀림없습니다."

영팔은 그제야 속이 후련하다는 듯이 크게 외쳤습니다. 그러나 의외로 무선은 침착했습니다.

"그리고 또 화창 불통의 길이가 2자 남짓이라 했는데, 어째서 그렇게 정해졌을까 생각해 봤지. 혹시 그만한 길이라야만 불길이 10자나 뻗치는 것은 아닐까? 불통이 길면 길수록 불길은 멀리 나갈 테니까 말이야."

"그것도 맞는 것 같군요."

대통에 화살이나 바늘을 넣고 입김으로 불어 적을 공격하는 무기가 있는데, 무선은 이 무기를 보고서 그런 생각을 한 것입니다.

무선은 계속 말을 이었습니다.

"몽고군이 남송의 변경을 공격할 때 항아리에다 염초를 채워 성벽에서 던지는 무기가 있었지. 천둥 같은 소리를 내므로 몽고병들이 벼락이라고 무서워했는데, 그렇게 큰 소리를 내는 이유는 무엇이었을까? 혹시 불통에 염초를 채울 때 배합 방법을 달리하면 좀더 강한 힘이 생기는 것은 아닐까? 그리고 이것을 좀더 작은 그릇에 채워 넣고 터뜨린다면 소리도 크고 힘도 커지겠지?"
"그럴지도 모르겠군요."
"그런데 재료 중에 자석 가루에 대해서는 여전히 모르겠단 말이야. 우리 나라에서 쇠가 나는 곳으로 유명한 고장은 어디일까?"
무선은 다시 화제를 바꾸었습니다.
"그야 좋은 쇠가 나기로는 안릉(재령)이 제일이지요."
재령은 일찍부터 납과 쇠의 산지로 알려져 있었습니다.
서둘러 여행 준비를 마친 무선과 영팔은 재령을 향해 길을 떠났습니다.
두 사람은 송도를 떠나 예성강 나루인 벽란도를 건넜고, 연백의 연안을 거쳐 안서(해주)까지 갔습니다. 그 곳에서 북쪽으로 신창과 신안을 지나면 재령이었습니다.
재령에 도착한 두 사람은 대장장이를 만나 물어 보았습니다.
"쇠는 어떻게 캐는 겁니까?"
그러자 대장장이는 어이가 없다는 듯이 무선과 영팔의 얼굴을 번갈아 쳐다보았습니다.
"어떻게 캐다니요? 산에 가면 있는데."
"예? 산에 가면 그냥 얻을 수가 있단 말입니까!"
무선의 놀란 얼굴을 보며 대장장이는 차근차근 친절하게 가르쳐 주었습니다.

"철광석이란 것이 있는데 이것을 불에 달구어야 하오. 보통 불로는 안 되기 때문에 숯불로 고열을 낸 다음 철광석을 녹여 쇳물을 뜨는 거요."

대장장이는 전혀 어려울 게 없다는 듯이 말했지만, 무선은 좀처럼 이해가 되지 않았습니다. 그러나 자꾸만 듣다 보니 조금씩 알 것도 같았습니다.

"예전에는 강바닥에 쇠가 모여 있는 곳이 있어 쉽게 구할 수 있었는데, 차츰 그런 것이 없어지자 산에서 쇠를 찾게 되었소."

"그렇군요."

"대장장이들은 돌을 보면 그 돌에 쇠가 들어 있는지 없는지 금방 알 수 있소. 메로 때려 보거나 색깔을 보면 알 수 있는데, 그런 돌들이 모여 있는 곳에서 산 아래까지 도랑을 파 놓지요. 그리고 바위를 부순 다음 장마철에 물로 떠내려 보내는 것이오."

"그래서요?"

"그런데 쇠는 이상한 성질이 있어 서로 들러붙기 때문에 저절로 한군데 모아지더군요."

"서로 들러붙는 성질?"

무선은 갑자기 무언가 생각난 듯이 외쳤습니다.

"지남철(자석) 성질 말이오?"

"그렇소!"

자석 가루란 바로 쇳가루를 말하는 것이었습니다.

더 이상 대장장이에게 물어 볼 필요도 없었습니다. 납이나 진흙으로 만든 도가니에 고열인 숯불로 광석을 녹여 쇳물을 만들어 내면 되기 때문입니다.

"이럴 줄 알았으면 멀리 재령까지 올 필요도 없지 않았습니까?"

"아니다, 쇠에 대해서 자세히 알게 된 것만 해도 큰 수확이다."

무선과 영팔은 재령에서 돌아오면서 이런 말을 주고받았습니다.

그런데 도가니에 녹인 쇳물이 그대로 쓸 만한 쇠가 되는 것은 아니었습니다. 이런 쇠는 주철로서 농기구는 만들 수 있지만 보다 단단한 강철은 만들지 못했습니다.

"아범!"

무선은 잠시 뜸을 들이더니 말했습니다.

"아범은 왜구들이 아주 잘 드는 장도를 무기로 쓴다고 했는데, 아무래도 그 쇠는 보통의 쇠를 달구고 때리고 물에 갑자기 식히는 과정을 거치면서 만든 게 아닌가 하는 생각이 드는군."

"듣고 보니 그런 것 같군요. 쇠는 두들길수록 강해지는 물건이니까요."

"나는 재령의 대장장이가 낫을 벼리는 것을 유심히 지켜보았어. 낫 하나 벼리는 데도 몇 번씩 불에 달구고 메질을 하고 물에 담그었다가 다시 달구더군."

발명의 첫걸음은 작은 일 하나라도 그냥 지나치지 않고 자세히 살피는 데에 있었습니다.

무선은 이번에 재령을 다녀온 것이 결코 헛걸음이 아니라고 생각했습니다.

왜구의 침입

이 무렵 왜구가 다시 전라도를 습격했다는 소문이 들려 왔습니다. 그럴수록 무선의 마음은 조급해지기만 했습니다.

재료들을 구해 화약을 만드는 것은 어렵지 않았지만, 어떻게 배합해야 보다 강한 화약을 만들 수 있는지 많은 연구가 필요했습니다. 또 화약을 담는 그릇을 만드는 것도 연구 과제였습니다.

한편, 원나라도 해적의 시달림을 받고 있었는데, 이들은 왜구가 아닌 한족들이었습니다.

강남의 소금 상인이며 해운업자이던 방국진이 수천의 무리를 모아 반란을 일으키자(1348년) 원나라 조정에서는 방국진에게 벼슬을 주어 달랬습니다. 원은 육전에는 강했지만 해군은 전혀 없었던 것입니다.

그러나 원나라는 육지에서도 소란이 끊이지 않았습니다.

이런 가운데 백련교를 믿는 무리들이 세력을 늘려 갔습니다. 백련교는 미륵보살을 믿는 불교의 일파로

"말세에 이르러 세상이 어지러워지면, 그 때 미륵보살이 오셔서

중생을 구하신다."

라며 굳게 믿고 있었습니다.

이 백련교를 배경으로 유복통이라는 자가 반란을 일으켰습니다. 이들은 머리에 붉은 띠를 두르고 있어 홍건적이라고 불렀습니다. 홍건적은 어느덧 10만여 명의 무리를 가진 엄청난 세력으로 성장했습니다.

원나라에서는 고려에 수군 원조를 청해 왔습니다. 이 소문을 듣고 무선은 아버지에게 간절히 부탁했습니다.

"아버님, 듣자 하니 원에서 서경의 수군을 보내 달라고 청해 왔다 합니다. 저는 뜻한 바 있어 수전을 배우고 싶으니, 이번 원정군에 참가하도록 허락해 주십시오."

서경의 고려 수군 대장인 유탁의 용맹은 이미 잘 알려져 있었습니다.

유탁은 담략과 무예가 뛰어나서 일찍부터 원에 들어가 황제를 시위한 일이 있었습니다. 그런 까닭에 원나라에서는 특별히 유탁 장군을 보내 달라고 청했습니다.

무선의 간청에 아버지는 조용히 타이르듯 말했습니다.

"네 뜻은 매우 훌륭하고 용감하다만, 싸울 기회는 앞으로도 얼마든지 있다. 아비도 이제 많이 늙었으니 제발 멀리는 가지 말아 다오."

그런 얼마 후 무선은 두 가지 슬픔을 겪게 되었습니다. 아버지가 세상을 떠난 일과 왜구가 승천포를 습격했다는 소식이었습니다.

그 동안 무선은 대통에 화약을 다져 넣어 던지는 일종의 수류탄을 발명하고 있었습니다. 아직 완전한 것은 못 되었으나, 상당한 위력이 있을 거라고 생각되었습니다. 그런데 그것을 실제로 시험해 볼 수 없으니 답답한 노릇이었습니다.

왜구들의 습격은 최영, 이성계 등의 활약으로 물리쳤습니다. 그리고 왜구를 전문으로 방어하는 기구인 양관과 전라도 왜적 체복사라는 직책을 만들고 최영 장군을 임명했습니다.

왜구는 더욱 극성을 부렸습니다. 이번에는 교동 섬을 점령하고 불을 질렀습니다. 이 바람에 송도는 발칵 뒤집혔습니다.

교동이나 승천포에서 송도로 들어오는 길목인 서강에 성을 쌓는 한편, 각 도의 군사들이 속속 모여들었습니다.

더욱이 엎친 데 덮친 격으로 홍건적이 압록강을 건너와 서경을 함락시켰던 것입니다.

"서방님, 어떻게 하실 생각입니까?"

"나라가 위태로운데 가만히 앉아 보고만 있을 수 없지 않느냐! 최영 장군을 찾아가 그 밑에서 싸울 수 있도록 부탁할 작정이네."

"그럼, 저도 따라가겠습니다."

"아범, 말은 고맙지만 아범은 집안일이나 잘 돌봐 주게."

"아닙니다. 저는 죽을 때까지 서방님을 따를 작정입니다."

이리하여 무선과 영팔은 최영을 찾아갔습니다.

왜구의 침입 · 191

명문 가문 출신인 최영은 무선과 비슷한 또래였는데, 이미 크고 작은 싸움에서 수십 번이나 승리한 경력이 있는 명장이었습니다.

공민왕 원년에는 조일신의 반역을 평정했고 왜구와도 여러 번 싸웠으며, 원의 요청으로 유탁과 함께 원정군을 이끌고 출정한 일도 있었습니다.

무선이 찾아갔을 때 마침 최영은 출전하려는 참이었습니다.

"장군! 소인을 장군 막하에 있도록 허락해 주십시오."

"정말 잘 오셨소. 당신의 '불통'은 나도 소문을 들어 알고 있소. 그런데 애석하게도 나는 왕명으로 서경의 도적을 치러 급히 가는 참이오. 대신 이성계 장군을 소개해 드리겠소."

무선은 이렇게 해서 이성계와 알게 되었습니다.

처음 만나 보는 이성계는 무척 씩씩하고 총명해 보였습니다. 서로 인사를 나눈 뒤 무선이 자신이 만든 화창과 불통에 대해 설명하자 열심히 귀를 기울여 듣던 이성계는 몹시 감탄했습니다.

"정말 희한한 무기로군요. 나와 함께 힘을 합쳐 적을 한번 무찔러 봅시다."

보통의 장군이었다면 교만한 태도로 무선을 대했을지도 모릅니다. 또 새로운 무기에 대해서도 좀처럼 믿으려 하지 않았을 것입니다. 하지만 이성계는 달랐습니다.

무선 이상으로 영팔도 이성계에게 반한 모양인지 부러운 눈길로 쳐다보며 말했습니다.

"서방님도 빨리 공을 세우셔야 할 텐데……."

영팔의 말에 무선은 웃었습니다.

"머잖아 왜구가 쳐들어올 것이다. 그 때 우리가 나가서 한바탕 적을 무찌르기로 하세."

과연 이듬해 여름에 왜구가 송도 가까이 나타났습니다. 이성계와 최무선은 적을 맞아 힘껏 싸웠습니다. 이 때 무선은 화구라는 것을 만들어 내어 왜선 여러 척을 불살랐습니다.

화구는 대바구니 같은 것에 염초와 기름걸레를 채우고 진흙으로 위를 살짝 덮었으며 불심지가 있었습니다.

이 불심지에 불을 붙이면 그야말로 불덩어리가 되는 셈인데, 끈을 달아 휘휘 휘두르다가 적선에 던지는 것입니다. 그러면 웬만큼 높은 뱃전이라도 넘길 수 있고 멀리 던질 수도 있는데, 적선에 떨어지면서 폭발하여 불이 옮겨 붙었기 때문에 왜적은 큰 혼란을 일으켰습니다.

또 왜구의 배는 강남의 장삿배와 비슷한 구조였으므로 키가 엄청나게 커서 송도 가까이까지 거슬러 올라오지 못했습니다.

반면, 뱃머리가 유난히 뾰족하고 높은 데다가 높은 뱃전에 못을 박아 놓아 고려 군사들이 기어오르지 못하게 되어 있었습니다.

어쨌든 배에 불이 붙자 왜구들은 강물로 뛰어들었기 때문에 활로 쏘아 죽일 수 있었습니다.

"오늘의 승리는 최공의 덕택이오. 아주 통쾌하게 이겼소이다."

이렇게 해서 이성계와 최무선은 더욱더 가까워지게 되었습니다.
"내 마땅히 임금님께 아뢰어 상을 내리도록 하리다. 그러니 우선 내 밑에서 비장으로 일해 주시구려."
"고맙습니다."

거추장스러운 벼슬

공민왕 10년(1361), 이자춘이 동북면 병마사가 되어 이성계와 같이 떠났습니다. 이성계는 최무선에게 함께 가자고 권했으나 무선은 정중하게 사양했습니다.
"저는 아직 남아서 연구할 일이 있습니다. 이번에는 좀더 위력 있는 무기를 만들고 싶습니다."
최무선은 대포에 대해 많은 관심을 가지고 있었습니다. 그런데 우연히 어떤 책에서 언젠가 이원이 말해 주었던 포에 대해 몇 줄의 글이 기록되어 있는 것을 발견한 것입니다.
이원이 이야기하던 것과는 조금 달랐지만, 충분히 무선의 흥미를 끌 만했습니다.
책의 내용에 의하면, 쿠빌라이가 남송의 번성을 공격할 때 서역에서 포장 세 명을 데려다가 7문의 포를 만들게 했다고 합니다.
번성 공격에 효과를 본 쿠빌라이는 이어 양양 공격에도 이 포를 사용했습니다. 주철로 만든 포는 300근의 돌을 날려보낼 정도로 위력이 셌습니다.

이 정도의 기록을 보고 무선은 생각했습니다.

'무거운 것을 보다 멀리 날아가게 하려면 강력한 화약이 필요하리라.'

이리하여 곧 연구를 시작했는데, 또 홍건적이 침입하는 바람에 잠시 연구가 중단되었습니다(1361년).

이 해 10월 홍건적 10만이 압록강을 건너 삭주에 침입했습니다. 그들이 남쪽으로 물밀듯이 밀려 내려오자 왕과 조정은 복주(안동)로 피난했습니다. 무선도 가족과 함께 피난을 떠났으며, 송도는 마침내 홍건적에게 점령되었습니다.

그러나 이번 홍건적 진압에도 이방실과 안우의 활약이 컸습니다. 이들은 도지휘사 정세운과 더불어 송도의 홍건적을 몰아내는 데 성공했던 것입니다.

공민왕 12년(1363), 왕이 송도로 돌아왔을 때 또 한 번 회오리바람이 일었습니다. 김용이라는 자가 정세운, 김득배, 이방실, 안우 등의 공을 시기한 끝에 치밀한 계획을 세워 네 사람을 죽였던 것입니다.

최영 장군이 김용 일당을 없앰으로써 이 난리는 수습이 되었지만, 이번에는 난데없이 덕흥군이 고려 왕에 임명되어 쳐들어오고 있다는 것이었습니다. 조정은 또 한 번 발칵 뒤집혔습니다.

곧 최영과 이성계를 서북면에 보내어 덕흥군의 군사를 대비하게 했습니다. 무선도 이 때 송도로 돌아와 이성계를 따라나가게 되자 영팔이 한탄하듯 말했습니다.

"도무지 정신을 차릴 수가 없군요. 듣자 하니 최유라는 사람이 원나라 군사 1만을 얻어서 덕흥군을 받들며 본국으로 쳐들어오고 있다는데……."

최유는 공민왕이 원을 배척하며 자립하려 한다고 순제에게 고자질을 한 뒤 원나라로 도망쳐 기황후와 손을 잡았습니다.

기황후는 공민왕에게 잡혀 죽은 아버지와 오라버니의 원수를 갚기 위해 순제를 설득하여 군사 1만을 얻었으며, 최유가 원나라 군사와 함께 압록강을 건너온 것입니다.

"이것도 고려가 치러야 할 홍역이겠지."

무선은 자조적인 말투로 영팔의 말에 대꾸했습니다.

원나라와 고려의 양군은 정주 달천이란 곳에서 부딪쳤습니다. 이 싸움에서 원나라 군사가 패하자 최유는 다시 원으로 달아났습니다.

이렇게 되자 원도 할 수 없이 고려와 타협할 방법을 찾게 되었습니다. 최유를 잡아 고려로 보내고 공민왕을 다시 복위시켜 준다며 사신을 보냈던 것입니다(1364년).

이 무렵부터 공민왕은 정치에 싫증을 느꼈습니다. 더욱이 공민왕 14년에 노국 공주가 세상을 떠난 뒤로는 점점 더 정치를 돌보지 않게 되었습니다.

이 때 편조라는 중이 곁에서 공민왕을 위로하며 차츰 왕의 신임을 얻었습니다. 이 사람이 바로 신돈인데 토지 개혁, 노비 제도의 개선 등 과감한 정책을 펴 나갔습니다.

무선도 이번 최유의 변을 진압하는 데 공을 세워 벼슬이 올랐으나 조정에는 잘 나가지 않았습니다.

"저는 오직 포 제작밖에는 관심이 없습니다. 저에게 집에서 연구할 수 있는 시간을 주십시오."

최무선은 이성계나 최영이 사람을 보내 올 때마다 같은 대답을 할 뿐이었습니다.

이 무렵 조정에서는 이미 이성계와 최영의 파가 나뉘어져 서로 세력 다툼을 하고 있던 터였습니다. 무선이 좀처럼 조정에 나오지 않고 어느 쪽에도 가담하려 하지 않자

"그 사람은 포에 미친 사람이야. 그냥 내버려두라니까."

하며 더 이상 귀찮게 구는 사람도 없게 되었습니다.

무선은 자기 집 뒤뜰에 숯가마 같은 것을 만들어 놓고, 끊임없이 쇳물을 녹여 진흙으로 만든 거푸집(주형)에 부었다 허물었다 하는 작업을 반복했습니다. 포를 만드는 일이 생각보다 쉽지는 않았습니다.

대장간에서 낫이나 호미를 벼리는 것처럼 포를 만들 수는 없었습니다. 좀더 단단한 쇠를 얻어야 하는데 그게 정말 어려운 작업이었습니다. 가까스로 포를 만들었는가 하면 쇠가 물러 쩍쩍 갈라지고

마는 것이었습니다.

"아무래도 거푸집에 문제가 있는 것이 아닐까? 쇳물이 골고루 빈틈없이 굳어져야 하는데 말이야!"

무선은 이 문제를 해결하기 위해 거의 잠도 자지 않고 끼니도 건너뛰기 일쑤였습니다. 자연히 바깥 소식과는 담을 쌓고 지내는 생활이었습니다.

"좋은 거푸집을 만들려면?"

무선은 어느덧 혼자 중얼거리는 버릇마저 생겼습니다.

찰흙으로 몇 번이나 작은 모형을 만들어 보았으나, 대체 모래를 얼마나 섞어야 굳어질 때 금이 갈라지지 않는지 짐작이 가지 않았습니다.

"참, 어렵구나. 그러나 반드시 해내야 한다!"

그러던 어느 날 아들 해산이 무선에게 말했습니다.

"아버님, 좋은 방법이 있어요!"

"좋은 방법이 있다고?"

"네, 아버님. 거푸집을 좀더 단단하게 만들려면 종을 구워 내는 방법을 물어 보시면 되잖아요!"

해산의 말에 무선은 자기도 모르게 무릎을 탁 치며 깨달았습니다.

'그렇다! 종은 구리와 쇠 따위를 섞어서 찍어 낸다. 그 기술은 벌써 신라 때부터 전해 오지 않았던가!'

발명이란 전혀 독창적인 것만은 아닙니다. 그 때까지 있었던 지식과 경험을 빌어 새로운 것을 만들어 내는 것도 훌륭한 발명인 것입니다.

"내가 지금까지 눈이 멀었었구나. 해산아, 네가 좋은 것을 가르쳐 주었다."

무선은 당장 종 만드는 기술자를 불러다가 함께 거푸집을 만들고 쇳물을 부어 보는 연구를 계속한 결과, 쇳물만 가지고는 포를 만들 수 없다는 것을 깨달았습니다.

"됐어. 이만하면 충분히 왜선을 쳐부술 수 있다!"

무선은 무척 기뻤습니다.

"축하합니다, 서방님. 그럼 빨리 이름을 지어야겠군요."

영팔은 무선의 성공을 진심으로 축하해 주었습니다.

"그렇지, 이름이 필요하겠지. 이것의 이름은 화통이라고 하겠다."

이렇듯 무선이 발명한 포는 화통이라는 이름으로 불리게 되었습니다. 그 동안에도 고려에는 왜구의 침입이 끊이지 않았습니다.

무선은 오랜만에 이성계를 만나 이야기를 나누었습니다.

"변변치 않사오나, 이번에 포를 완성했습니다. 화통이라고 하지요. 이것만 있으면 왜선을 닥치는 대로 쳐부술 수가 있을 것입니다."

무선이 화통에 대해 자세히 설명을 해 주자 이성계는 열심히 귀를 기울이며 고개를 끄덕였습니다.

"알겠소. 내 깊이 생각해 보리다."

이 무렵 원에서는 장사성이 홍건적을 치는 데 공을 세우고 있었습니다. 장사성은 본래 도둑이었으나 원나라 편을 들어 장군으로까지 출세한 인물입니다.

쫓기던 홍건적은 주원장에게 구원을 청했습니다. 주원장은 홍건적과 손을 잡고 호주란 곳에서 군사를 일으켜 난징(남경)을 점령했습니다(1356년).

원의 황제 순제는 라마교에 미쳐 거의 정치를 돌보지 않고 있었습니다. 난징을 점령한 주원장은 장차 중국에서 몽고족을 내쫓고 황제가 되려는 꿈을 가지고 있었습니다.

주원장은 군을 북진시켜 곳곳에서 원군을 격파했고, 스스로 황제가 되어 나라 이름을 명이라 했습니다(1368년).

그리고 이 해에 원이 멸망했으며, 순제는 북쪽으로 달아났으나 결국 죽고 말았습니다.

한편, 고려는 원이 멸망했는데도 불구하고 아직도 갈피를 잡지 못하고 있었습니다.

북쪽으로 달아난 원과 계속 손을 잡아야 한다는 파와 자립해야 한다는 파로 나뉘어 몹시 혼란스러웠던 것입니다.

이제 그만 원으로부터 독립해야 한다고 주장하던 이성계 파는 마침내 정권을 잡고 있던 신돈을 공격하여 살해했습니다(1371년).

그런 어수선한 가운데 왜구는 예성강 하구까지 몰려와 우리 수군을 공격했는가 하면 동해안인 강릉, 덕원 등지에도 나타나 노략질을 일삼았습니다. 또 교동과 서강에도 나타나 고려를 괴롭혔습니다. 이미 고려는 기울어질 대로 기울어져 갔습니다.

그런 데다가 공민왕 23년(1374)에 최만생, 홍윤 등이 왕을 시해한 사건이 발생했습니다. 이들은 곧 진압되고 처형당했지만, 머지않아 나라가 멸망하는 소리가 들리는 것만 같았습니다.

화통 도감

공민왕이 승하하고, 곧 새로이 우왕이 섰습니다.

무선은 이 때 지문하 부사라는 벼슬을 하고 있었습니다. 지문하란 문하성을 뜻하며, 나라의 정책을 심의하는 기관입니다. 지문하 부사는 그 관아의 종2품 벼슬로서 매우 높은 관직이었습니다.

하루는 아들 해산이 무선에게 물었습니다. 해산은 어느덧 열다섯 살의 총명한 소년으로 자라 있었습니다.

"아버님, 왜구는 어째서 저렇듯 극성스러운가요?"

"왜국도 나라가 어지러워 정치가 엉망이라고 하더구나. 무력을 가진 자가 판을 치고 있는 데다가, 강자가 약한 자를 해치는 약육강식의 현상이 벌어지고 있다. 그러니 헐벗은 백성은 자연히 도적이 되고 해적이 되는 거란다."

큐슈 그리고 쓰시마와 이키 섬을 근거지로 하여 현해탄을 건너온 왜구는 거의 벌거벗은 듯한 차림을 하고 있었으며 흉포한 무리들이었습니다.

게다가 오랜 전란이 계속된 터라 도창술(칼과 창 쓰는 법)이 발달되어 있었습니다. 어지러운 세상에서 살아 남으려면 스스로 싸우는 기술이 필요했기 때문입니다.

일본도를 휘두르는 왜구는 기세등등하기만 했습니다.

"왜구는 죽음을 두려워하지 않는다. 물론 무인으로서 죽음을 겁내는 사람이 어디 있겠느냐마는, 우리 고려의 무인과는 다른 게 그들은 꼭 미친놈들처럼 달려들어 날뛰거든. 이런 자들을 물리치려면 강력한 무기가 필요하단다."

"잘 알겠습니다."

고려가 멸망한 원인 중에는 왜구의 잦은 침입도 무시할 수가 없습니다.

조정에서도 왜구의 침입을 막기 위해 여러 가지 대책을 논의했습니다. 한 대신이 왕에게 말했습니다.

"그들은 굶주린 이리 떼나 마찬가지입니다. 그들은 죽음도 두려워하지 않습니다. 그들처럼 짐승 같은 무리는 살살 달랠 수밖에 없습니다."

"으음, 어떻게 달래면 좋단 말인가?"

"먹을 것을 주면 됩니다. 아무리 사나운 짐승이라도 배가 부르면 고양이처럼 순해지고 맙니다."

이리하여 우왕 원년(1375)에 왜국에 사신을 보냈습니다. 쌀을 보내 주는 조건으로 왜구를 단속하라고 요구했던 것입니다.

이 방법은 효과가 있는 것 같았습니다. 왜구의 두목 하나가 그 무리를 이끌고 항복해 온 것입니다. 그러나 그들은 몇 달 지나지 않아 전보다 더 심하게 노략질을 일삼았습니다.

이 방법을 건의했던 대신은 크게 탄식했습니다.

"제 버릇은 개도 주지 못한다고 했지만, 왜구는 참으로 은혜도 모르는 짐승들이구나!"

우왕 3년(1377), 무선은 새해를 맞아 조회에 나갔습니다. 그 자리에서 무선은 왕에게 아뢰었습니다.

"왜구를 다스리자면 강력하게 대처해야 합니다. 소신은 오랫동안 염초술을 연구했으며 또 화통이라는 포를 만들었습니다. 이 화통은 큰 돌을 수백 개나 날려보낼 수 있는 위력을 갖고 있는데, 왜선의 옆구리를 맞추기만 한다면 영락없이 큰 구멍을 내어 배를 가라앉게 할 수 있습니다. 그러하오니 아무쪼록 화통 도감을 두어 포를 많이 만들고, 이를 각지의 수영에 두어 왜구에 대비하면 그들은 감히 침범하지 못할 것입니다. 지금 조정에서는 왜국과 교섭을 하고 그들을 달래자는 의견이 아직도 있사오나, 먼저 뿌리를 뽑고 나서 교섭해도 늦지 않는다고 생각합니다."

무선의 건의를 듣고 조정에서는 사람들마다 의견이 분분했습니다.

"지문하 부사 최무선의 말이 옳습니다. 먼저 그들을 따끔하게 혼내 주어야 합니다."

"아니오! 아무리 야만스럽고 무지하다 해도, 그들도 인간이니만큼 잘 달래면 들을 것이오."

이리하여 고려에서는 먼저 왜국에 사신을 보내기로 했습니다. 6월에 사신이 한 번 다녀왔으며, 9월에는 정몽주가 왜국에 가서 왜구 문제를 따졌습니다.

그러나 왜구 문제 교섭이 뜻대로 되지 않자, 이 해 10월에 비로소 무선의 건의대로 화통 도감이 설치되었습니다. 그리고 무선은 새로운 도감의 제조관이 되어 각종 화기를 제작하는 데 힘을 기울였습니다.

무선이 화통 도감 제조관이 된 후 제일 먼저 손댄 일은 고려 병선에 화통을 설치하는 일이었습니다. 그러자면 병선의 구조부터 개량해야 했습니다.

예를 들어 배의 내부가 텅 비어 있다면 적의 공격을 받았을 때 쉽게 부서질 뿐 아니라 화통을 장치하기 힘들기 때문입니다. 그래서 배 내부에 오늘날의 구조선처럼 칸막이를 하기로 했습니다.

그런데 칸막이를 하자 또 다른 문제가 생겼습니다. 다름 아니라 배 안에서 자유롭게 왕래하기가 곤란했던 것입니다.

"어떻게 하면 좋을까?"

무선은 생각한 끝에 칸막이를 하고서 갑판을 덮은 뒤 내부에도 뱃전을 끼고서 통로를 길게 만들게 했습니다. 이렇게 하면 배 안에서의 활동이 자유로울 뿐 아니라, 갑판과 벽으로 보호된 내부에서 화통을 발사할 수 있었습니다.

그뿐만 아니라 무선은 또 화룡선을 발명했습니다. 화룡선은 보통 병선보다 작은 배로 속력이 무척 빨랐습니다. 그리고 배의 허리 부분에 구멍을 뚫어 화창을 발사할 수 있게 했습니다.

화룡선은 배가 작아 화통은 장치할 수 없었습니다. 그 대신 속력이 빠르기 때문에 적진에 돌입하여 화염을 방사할 수 있는 기동력이 있었습니다.

"이만하면 됐다! 이제 왜구가 나타나면 화통과 화룡선의 위력을 보여 줄 테다."

무선은 하루빨리 그 때가 오기만을 기다렸습니다.

왜구는 쉬지 않고 계속 날뛰었습니다. 기록에 나타난 왜구의 큰 침입으로는 우왕 5년(1379) 5월의 일로 그 가운데 기병 700, 보병 2000이 진주까지 침입해 온 일입니다.

조정으로 불려 간 무선은 출동 명령을 받았습니다. 수군 원수는 나세 장군이었고 무선은 부원수로 임명받았습니다. 무선은 왕명을 받는 자리에서 이성계를 만나 격려를 받기도 했습니다.

"최 장군, 아무쪼록 화통의 위력을 보여 주시구려. 나도 곧 전라도에 내려갈 것이오."

"고맙습니다, 장군."

무선이 떠날 준비를 하기 위해 집으로 돌아왔을 때, 이미 씩씩한 젊은이로 성장한 해산이 말했습니다.

"아버님, 이번에는 저도 데려가 주십시오. 제 손으로 화통을 쏘아 왜선을 쳐부수고 싶습니다."

어렸을 때부터 아버지를 도와 일해 온 해산은 화약 제조나 화통 발사에 경험이 있었습니다.

"그래, 함께 가자꾸나. 고려에는 너 같은 젊은이가 많이 필요하다."

그러자 영팔도 무선에게 간절히 청했습니다.

"대감님, 저도 함께 데려가 주십시오."

무선은 집에 남아 있으라고 권했으나 영팔은 꼭 병선을 타겠다는 고집을 꺾지 않았습니다. 마침내 무선은 승낙하고 말았습니다.

"좋다!"

"대감님, 고맙습니다."

무선은 영팔이 늙긴 했지만, 수전은 육전과는 달리 배 안에 있기 때문에 큰 지장이 없다고 생각했던 것입니다.

박살난 왜선

나세와 최무선이 이끄는 고려 병선들은 승천포를 출발하여 먼저 교동 섬에 이르렀습니다.

교동은 강화보다는 작지만 꽤 큰 섬으로 송도를 지키는 전략적 요지였습니다. 섬 전체가 돌산인 교동에는 고려 수군의 통어영이 있었습니다.

무선은 여기서 식량과 화약, 그리고 포환을 실었습니다. 포환은 화통에 맞도록 둥글게 깎은 돌덩이로, 이를테면 포탄인 셈이었습니다.

먼저 화통의 약실에 특별히 제조된 염초를 채웁니다. 그리고 포신에 포환을 장전하고 약실을 횃불 따위로 달구면 약실 내부가 가열되면서 염초가 폭발하고 공이를 세게 밀어냅니다. 이 공이의 충격을 받아 포환이 적선을 향해 날아갑니다.

고려는 이 때 크고 작은 30여 척의 병선과 화룡선이 몇 척 있었습니다.

나세 장군은 무선과 작전을 의논했습니다.

"적을 무찌르자면 여기서 무작정 기다릴 것이 아니라 우리가 먼저 적을 찾아 나서야 할 것이오. 부원수의 의견은 어떻소?"

"지당하신 말씀입니다. 왜구는 우리 고려의 조운 뱃길을 따라 올라오고 있으므로, 그 길을 따라 남하하면 반드시 적과 마주칠 것입니다."

"그럼, 그렇게 하도록 합시다."

작전 계획대로 첫 목적지는 충청도 아산과 서산에 두었습니다. 이 곳에는 각각 화양창과 영풍창이라는 창고가 있습니다. 충청도 지방에서 모아진 각종 물자를 저장해 두었다가 다시 송도로 운반되는 곳입니다.

교동을 떠난 함대는 강화도 서쪽을 끼고서 남으로 내려가 영종도와 용유도 사이를 빠져 나간 뒤 다시 대부도와 연흥도 사이를 지났습니다.

달이 밝았습니다. 섬이 검게 엎드려 있었고 불빛 하나 보이지 않았습니다.

"내일이면 공격이 시작될 것이다. 그 동안 왜구를 만나지 않아 몸이 한가로웠으나 앞으로는 그렇지 못할 테니, 지금 푹 쉬어 두어라."

"아버님께서도 푹 쉬도록 하십시오."

이튿날 아침 일찍 병선들은 하나 둘씩 아산으로 들어섰습니다. 아산은 만 깊숙이 있는데, 만 입구가 수문처럼 좁아서 마치 호수 같았습니다.

주민들은 병선을 보자 몹시 기뻐하며 찾아와서는 간청했습니다.

"부디 이 곳에 오래오래 머물러 계시면서 왜구를 막아 주십시오."

그 때부터 두 달쯤 머물러 있었는데, 무선은 그 동안에도 쉬지 않고 젊은이들을 뽑아 수전 훈련을 시켰으며 화통을 설치하는 작업을 지휘하기도 했습니다.

그런데 한 곳에만 너무 오래 머무를 수는 없었습니다. 병선들은 태안 반도를 돌아 다시 남하했습니다. 안면도를 돌아 광천에 들렀다가 서천을 지나 전라도로 내려갔습니다.

전라도의 목표는 옥구에 있는 진성창입니다. 진성창 역시 요지로서 소금, 쌀, 명주, 목화, 모시, 닥(종이 원료), 죽제품, 귤, 유자 등의 산지인데 왜구 때문에 길이 막혀 있었습니다.

이 곳에서도 왜구의 모습은 보이지 않았으나, 그 해 겨울을 그 곳에서 보내고 우왕 6년(1380)의 새해를 맞이했습니다.

"남쪽으로 더 내려갑시다. 우리가 남쪽으로 내려가는 사이에 북쪽은 조운을 할 수가 있지 않습니까?"

무선의 말에 나세도 기꺼이 찬성했습니다.

"그럼, 영광의 법성포까지 내려가도록 합시다."

법성포에는 창이 있어 바다 가까운 고을의 쌀을 송도로 운반했습니다. 그런데 법성포에서도 왜구를 만나지 못하고 다시 영암으로 내려가던 어느 날이었습니다. 산에 봉화가 올랐습니다. 적의 침입을 알리는 신호였습니다.

"전속력으로 달려라! 한시바삐 달려가서 왜구를 무찌르자!"

나세의 명령에 따라 병선들은 전속력으로 나아갔습니다. 이리하여 이들은 진포라는 곳에서 왜구를 만났습니다. 그들은 엄청난 숫자였습니다.

"저것 좀 보십시오. 3백 척! 아니 그 이상은 되는 것 같습니다."

해산이 소리 높여 외쳤습니다.

과연 왜구들이 바다에 배를 띄우고 노략질을 하고 있었습니다.

해안에 검은 연기가 솟는 것을 보니 아무래도 민가에 불을 지르고 마구 살상을 하고 있는 것이 틀림없었습니다.

"이제야 비로소 화통의 위력을 보여 줄 때다. 조준을 잘 하고 한 번에 적선을 박살내도록 하라!"

"알겠습니다!"

해산은 아버지의 말에 용기가 솟았습니다. 그리고 포환을 날려 적선을 하나 둘씩 정확히 박살내기 시작했습니다.

화룡선도 적선 가까이 돌진하여 화구를 던지고 화창에 불길을 내뿜으며 활약하기 시작했습니다.

당황한 것은 오히려 왜구들이었습니다.

결사적으로 화살을 쏘아 대며 반격을 꾀했지만, 때는 이미 늦었습니다. 30여 척의 고려 병선에 두 개씩 장치되어 있는 화통에서 번갈아 가며 쏘아 대는 연속 포격을 당해 낼 수가 없었습니다.

왜구의 배에 불이 붙기 시작했습니다. 배의 수가 많은 것이 이 때는 오히려 불리했습니다. 좁은 곳에 배들이 가까이 세워져 있어 불길이 쉽게 옮겨 붙었던 것입니다.

반나절이나 싸움이 계속되는 동안 왜구의 배 300여 척이 모두 불타거나 포환을 맞아 박살이 났습니다.

이렇게 큰 전과를 올리기 위해 고려 수군의 희생도 적지 않았습니다. 무선이 가장 가슴 아팠던 것은 충실한 하인 영팔이 적의 화살을 가슴에 맞고 쓰러진 일이었습니다.

"대감님, 저는 죽어도 한이 없어요."

영팔은 피를 많이 흘려 백지장처럼 새하얘진 얼굴로 말했습니다. 무선은 자기 전포가 피로 흥건히 젖는 것도 상관 않고 영팔을 부둥켜안으며 부르짖었습니다.

"죽으면 안 된다! 제발 나를 용서해 다오!"

"그게 무슨 말씀이옵니까?"

영팔은 눈이 잘 보이지 않는지 손을 더듬거리며 말했습니다. 무선은 그 손을 꼭 잡아 주면서 말했습니다.

"내가 너에게 죄를 지었구나. 그 옛날 아버님께서 살아 계셨을 때 너를 종의 신분에서 벗어나게 해 주고 싶다고 말씀하셨지. 그 때 나도 너를 꼭 종의 신분에서 벗어나게 해 주겠다고 생각했었는데, 지금까지 그것을 잊고 있었구나. 그러나 안심해라! 네 자손에게만은 꼭 약속을 지키도록 맹세하겠다!"

"대감님, 정말 고맙습니다."

이렇게 말하는 영팔의 주름진 눈가에는 하얀 이슬이 맺혀 있었습니다. 영팔이 죽자 무선은 그를 정성껏 묻어 주었습니다.

무선이 화통으로 왜구를 크게 무찌른 우왕 6년, 이성계 또한 전라도 운봉(남원)에서 왜구를 크게 무찔렀습니다.

이 때 무선은 순천에 있었습니다. 무선이 순천에 온 것은 자신이 발명한 화통, 화창, 화구, 화룡선 따위를 지도하기 위해서였습니다.

우왕 11년(1385), 함주(함흥)에 다시 왜구가 나타났습니다.

이 때 동북면 병마사로 있던 이성계는 무선과 함께 왜구를 무찔렀습니다. 그 뒤로 왜구의 침공이 뜸해졌는데, 그들은 고려가 아닌 명나라로 약탈의 뱃길을 돌렸던 것입니다.

이 싸움이 있은 뒤 무선은 왕에게 아뢰었습니다.

"소신은 이제 늙어 조정에서 물러날까 하옵니다. 아무쪼록 윤허하여 주시옵소서."

그런데 우왕 14년(1388), 국가에 중대한 사건이 발생했습니다. 명나라에서 사자를 보내어 느닷없이 철령 이북을 자기네들 땅이라고 주장하는 것이었습니다.

철령 이북은 원에서 동녕부를 두었던 땅입니다. 그런데 명은 원에서 이어진 나라이므로 그 땅을 차지할 권리가 있다고 주장했던 것입니다.

우왕은 은밀히 최영을 불러 의논했습니다.

"철령 이북은 엄연히 우리의 땅이오. 명의 무리한 요구를 어찌하면 좋단 말이오?"

"끝까지 그들과 싸워야 합니다."

최영은 단호한 목소리로 대답했습니다.

"그 동안 우리는 명의 요구를 고분고분 들어 주었습니다. 그러나 이번 요구만은 절대로 들어 줄 수가 없습니다."

이리하여 그 해 4월, 우왕은 몸소 평양까지 나아가 무리하게 군사를 일으켰습니다. 최영이 8도 도통사로서 전군의 지휘를 맡았고 그 아래로 조민수가 좌군 도통사, 이성계가 우군 도통사로 명 정벌에 앞장섰습니다.

그런데 무슨 약속이나 한 듯 압록강까지 간 좌군과 우군이 움직이지 않는 것이었습니다. 최영은 부하를 보내어 빨리 진격하라고 독촉했으나, 마침 장마철이라

"강물이 불어 건널 수가 없습니다."

하는 이유를 대며 명령을 듣지 않았습니다.

그리고는 얼마 후 이성계와 조민수는 군을 돌려 우왕을 쳤으며, 왕자인 창을 왕위에 세웠습니다. 그리고 최영은 귀양을 보냈는데 결국에는 그마저 죽이고 말았습니다.

이것이 바로 위화도 회군입니다.

이 사건에 크게 낙담한 무선은 벼슬을 내놓고 집에 틀어박혀 한탄해 마지않았습니다.

"이번 일만은 이성계 장군이 크게 잘못했어!"

그런데 이듬해 11월, 이성계는 다시 창왕을 폐하고 먼 왕족인 정창군 요를 왕위에 앉혔습니다. 이 분이 공양왕입니다. 그리고 이 해 12월 우왕과 창왕을 귀양지인 강릉에서 죽였습니다.

그러나 이성계는 공양왕마저 폐하고 배극렴 등의 추대를 받아 결국은 자신이 왕이 되었습니다(1392년).

"이성계가 그렇듯 무자비한 사람인 줄 몰랐다. 아냐, 이성계가 나쁜 것이 아니라 그를 따르는 정도전 같은 자가 나쁘다!"

무선은 또 한 번 격분하여 더 이상 말을 잇지 못했습니다.

조선조 태조 3년(1394), 정도전의 건의로 이성계는 공양왕을 비롯한 왕족을 모두 죽였습니다.

이 일이 알려지자 충격을 받은 무선은 그만 병이 들어 태조 5년(1396)에 세상을 떠나고 말았습니다.

세상을 떠나면서 무선은 아들 해산에게 다음과 같은 유언을 남겼습니다.

"태조(이성계)가 나라를 새로이 열게 됨은 어쩔 수 없는 천명이었다 하겠으나, 신하로서 왕을 죽이고 왕족까지 몰살시킨 것은 용서할 수 없는 일이다. 우리는 대대로 고려의 녹을 받던 가문으로서, 차라리 장사꾼 노릇을 할망정 벼슬길에는 나가지 말라."

태조는 무선이 죽었다는 소식을 듣고 그에게 우정승 수성부원군을 추증했습니다.

또 해산에게도 군기 소감이라는 벼슬을 내렸으나, 그는 아버지의 유언을 따라 벼슬을 하지 않았습니다.

해설

최무선은 고려 말의 혼란기에 살았습니다.

고려 시대의 기록은 제대로 전해지지 않고 있으며, 게다가 이민족의 잦은 침략과 왜구의 출몰, 그리고 왕조의 교체기라서 말할 수 없을 만큼 혼란을 거듭했습니다. 따라서 단편적으로 흩어져 있는 기록이 있을 뿐입니다.

그러나 최무선이 화약 제법을 연구하고, 각종 화포류를 발명하여 왜구를 무찌르는 데 크나큰 공헌을 했음은 엄연한 사실입니다. 그러므로 이성계는 최무선에게 우정승 수성부원군을 추증하여 생전의 공적을 기렸던 것입니다.

최무선이 나라를 사랑하고 기울어져 가는 국운을 바로잡으려 한 것은 고려 사람으로서 당연한 일입니다.

고려는 조선조에 의해 그 역사가 말소되었지만, 국제적인 색채가 상당히 짙은 사회였습니다.

북방 기마 민족인 우리 겨레가 지리적인 조건상 여진족과 몽고족, 그리고 중국의 한족과 깊은 관계를 맺었음은 당연한 일입니다.

고려는 발해, 요(거란), 금과 풍속이나 언어에서 공통점이 많은 만큼 역사적으로도 관계가 깊었습니다.

유럽과 아시아 대륙에 걸쳐 대제국을 건설한 칭기즈 칸이 무적과 같은 기마 군단의 무력을 갖고서도 고려를 완전히 정복하지 못했음은 그야말로 의아한 일이 아닐 수 없습니다.

고려는 약소국의 입장에서도 국토와 민족, 그리고 고유의 문화를 지켜 냈습니다. 이것은 세계 역사 속에서도 그리 흔한 일은 아닙니다.

고려에서 조선 왕조로 넘어오면서, 최무선이 건의하여 설치한 화통 도감은 사실 유명무실한 것이 되어 버렸습니다. 그러나 최무선이 남긴 기술은 단편적이나마 계승되었습니다.

예를 들어, 화룡선은 태종 때 건조된 걸로 알려져 있는 거북선 원형의 모체라고 여겨집니다.

또 선조 때 이장손이 발명한 비격 진천뢰도 화통과 비슷한 포탄의 일종이었습니다.

조선조에서는 유학을 지나치게 숭상한 나머지 화약 제법이나 화포 제작 같은 일이 천시되고, 그런 것은 장인이나 하는 일이라고 무시되었습니다.

  이러한 발명이나 개발이 계승되어 더욱 발전을 못 하고 역사와 더불어 아주 사라지고 만 것은 정말 안타까운 일이 아닐 수 없습니다.

연보

1331   새 은병을 사용함.

1337   고려인의 무기 소지 및 기마를 허락함.
       최무선, 말 타기를 배움.

1339   충숙왕 승하함.

1347   기황후의 동생을 체포, 하옥 시킴(고려인의 자주성).

1349   강릉대군 기, 원에서 노국 공주와 결혼함.

1350   고성·거제 등지에 왜구 침입(왜구 침입의 시작).

1351   강릉대군 기, 왕(공민왕)이 되어 돌아옴.

1352　변발 폐지. 교동섬에 왜구 나타남.

1354　최영·유탁, 원의 요청으로 수군을 이끌고 원나라로 감.

1356　유인우, 쌍성총관부를 수복.
　　　이자춘·성계 부자, 고려의 장군이 됨.

1358　계속적인 왜구 침입. 남해 및 서해의 조운이 막힘.
　　　최무선, 이 무렵 화약 연구.

1359　홍건적 침입, 서경 함락.
　　　예성강 하구 및 승천포에 왜구 침입.
　　　최무선, 화통 연구.

1362　홍건적 송도 점령. 왕 복주로 파천.
　　　정세운·안우, 홍건적 대파.

1365　공민왕, 정치에 싫증을 느끼고 신돈을 중용하여 토지 개혁·노비 제도 개혁 등 많은 업적을 쌓음.

1368　동녕부를 치고 북원(원 잔당)과 관계를 끊음.

1371　신돈 피살됨. 왜구의 계속적인 침입.

1374　공민왕 시해됨. 우왕 즉위.

1377   정몽주 등의 사신이 왜국에 가서 왜구 단속을 요청.
        최무선, 화통 도감 설치를 건의.

1380   최무선·나세, 전라도 진포에서 왜선 300척을 격파.
        이성계, 운봉에서 왜구 대파.

1388   위화도 회군. 이성계 우왕을 폐하고 창왕을 세움.
        최무선, 벼슬에서 물러남.

1392   조선 왕조 시작, 정몽주 피살됨.

1395   최무선 세상을 떠남, 우정승 수성부원군에 추증됨.

| 판권은 |
| 본사의 |
| 소유임 |

위인전기 ⑲
장영실 · 최무선

2001년 8월 20일 초판 발행
2005년 4월 11일 중쇄 발행

✽

엮은이 · 권오석
펴낸이 · 윤석홍
펴낸곳 · 상서각 출판사

✽

등록 · 2002. 8. 22(제8-377호)
주소 · 서울특별시 은평구 녹번동 19-20
전화 · 356-5353　　FAX · 356-8828
이메일 : sang5353@yahoo.co.kr
홈 페이지 : www.sangseogak.co.kr

✽

ISBN 89-7431-123-2 74990
ISBN 89-7431-077-5 (세트)

*잘못된 책은 바꾸어 드립니다.